KB188923

꺾이지 않는 사명

꺾이지 않는 사명

지은이 | 류영모
초판 발행 | 2023. 6. 14
2쇄 발행 | 2023. 6. 15
등록번호 | 제1988-000080호
등록된 곳 | 서울특별시 용산구 서빙고로 65길 38
발행처 | 사단법인 두란노서원
영업부 | 2078-3352   FAX | 080-749-3705
출판부 | 2078-3331

책값은 뒤표지에 있습니다.
ISBN 978-89-531-4498-9 03230

독자의 의견을 기다립니다.
tpress@duranno.com   www.duranno.com

두란노서원은 바울 사도가 3차 전도여행 때 에베소에서 성령 받은 제자들을 따로 세워 하나님의
말씀으로 양육하던 장소입니다. 사도행전 19장 8-20절의 정신에 따라 첫째 목회자를 돕는 사역과
평신도를 훈련시키는 사역, 둘째 세계선교(TIM)와 문서선교(단행본·잡지) 사역, 셋째 예수문화 및 경배
와 찬양 사역, 그리고 가정·상담 사역 등을 감당하고 있습니다. 1980년 12월 22일에 창립된 두란
노서원은 주님 오실 때까지 이 사역들을 계속할 것입니다.

꺾이지 않는
사명

복음으로 새롭게 이롭게 바르게

류영모
지음

두란노

차례

한국 교회의 부름을 받다

제가 섬기고 있는 교회의 이름은 한국의 소망, 한소망교회입니다. 한국 교회와 총회의 부름을 받고 하나님께 여쭈었던 기도의 제목이 있습니다. "아직도 한국 교회는 세상의 희망입니까?" 기도에 하나님의 응답은 너무나 분명했습니다.

"그렇다. 교회는 세상의 희망이다. 그 희망이 보이지 않으면 네가 희망을 만들어 가라."

저는 팬데믹 긴 터널 끝자락, 문명사적 대전환기에 대한예수교장로회(통합) 총회장과 한국교회총연합(이하 한교총) 첫 번째 1인 대표회장으로 섬기게 되었습니다. 한편으로는 기쁨이요 또 한편으로는 두렵고 떨리는 일이었습니다. 이 무렵 발간된 세 권의 책 제목은 저의 기도와 절규를 대변합니다. "다시는 무너지지 말자"[1], "목적이 선하면 수단도 선해야 한다"[2], "하나님으로 하여금 하나님 되게 하라"(부제)[3]입니다.

---

1 류영모, 《느헤미야 다시는 무너지지 말자》, 한국장로교출판사, 2019.
2 류영모, 《목적이 선하면 수단도 선해야 한다》, 한국장로교출판사, 2021.
3 류영모, 《엘리야 엘리사 새롭게 보기》, 한국장로교출판사, 2022.

총회의 표어는 "복음으로, 교회를 새롭게 세상을 이롭게", 한교총 표어는 "새롭게·이롭게·바르게"였습니다. 당시 제 마음이 얼마나 절실했던지 한교총 대표회장 취임식을 양화진외국인선교사묘원을 찾는 일로 대신했습니다. 초기 선교사님들에게서 한국 교회가 가야 할 길, 그 본질과 대답을 찾을 수 있다고 믿었기 때문입니다. 제가 총회와 한국 교회를 섬기는 1년 동안 재난은 상존했고 역사적 사건들과 수많은 사고들이 끊이지 않았습니다. 저는 이 모든 일들이 한국 교회에 주신 하나님의 숙제라고 생각했습니다. 이 숙제를 잘 풀면 한국 교회 희망의 길이 만들어질 것이라고 믿었습니다. 그래서 위기는 위험이기도 하지만 기회가 되기도 합니다.

섬기는 기간 동안 재난은 어찌 그리 많았던지요! 러시아-우크라이나 전쟁, 역사상 가장 넓은 면적을 사르고 간 울진 산불, 도처에서 있었던 폭우, 10·29 이태원 참사까지. 그때마다 "우는 자와 함께 울라"는 주님의 말씀 앞에 시대적 아픔을 치유하고 눈물을 닦기 위해 뛰고 달렸던 한 해가 되었습니다. 울진 사랑의 집짓기 캠페인으로 54채의 집을 지어 봉헌할 수 있었던 일은 전적으로 하나님의 은혜였습니다.

제가 한국 교회를 섬기는 기간 동안 있었던 대통령 선거, 각 부처 장관들의 취임, 지방 자치 단체장 및 교육감 선거

등등은 한국 교회가 정치권과 소통하고 사회 앞에 메시지를 낼 수 있는 선한 기회가 되었습니다. "건강한 협력과 건전한 비판"이라는 기조를 유지하며 그동안 정권과 교회가 결탁된 악습의 고리를 끊어야 한다는 시대적 요청에 부응하기 위해 애를 썼습니다.

하나님의 은혜로 이룬 사명

한국 교회를 향한 내적·외적 목소리는 너무나도 선명하기만 했습니다. 교회 안에서는 교회에 실망하여 발길을 돌린 젊은이들과 플로팅(floating: 떠도는) 교인들의 목소리에 귀를 기울여 달라고들 했습니다. 교회 밖에서는 한국 교회를 향하여 약자 편에 서 달라, 정의 편에 서 달라고 했습니다. 십자군이 아니라 십자가 정신으로 섬기라는 명령이었습니다. 교회가 번영 신학과 성공주의의 낡은 옷을 벗어 던지고 교회가 하나님의 교회임을 보여 주는 공적 교회, 공적 복음과 공공의 선을 이루는 교회가 되어 달라는 것이었습니다.

이 책은 그 다양한 사건 사고 때마다, 정치권과 소통을 하고 여러 기념대회 때마다 많은 성명서와 목회 서신을 통해 발표된 메시지들을 정리한 것입니다. 그렇다 보니 그 내용과 메시지들이 반복될 수밖에 없었습니다. 꼭 필요한 내용이 아니면 중복 부분을 덜어 내어 큰 메시지를 전달하려고 애를 써 보았습니다. 전체 내용과 맥락이 필요한 경우, QR코드의 링크를 통해 원본 메시지를 확인할 수 있도록 했습니다.

돌이켜보면, 걸음걸음 바른길을 가려는 제 몸부림에 유혹도 있었고 방해도 없지 않았습니다. 그러나 "새롭게 이롭게 바르게"라는 약속 앞에 타협하지 않았고 변치 않았고 결코 꺾이지 않았습니다. 하나님의 은혜가 아니고서야 어떻게 가능했겠습니까! 그래서 하나님께 감사하는 마음을 가득 담아 책의 제목을 《꺾이지 않는 사명》으로 선정하게 되었습니다.

고마운 사람들의 얼굴이 주마등처럼 스칩니다. 무엇보다 부족한 종을 믿고 한국 교회에 내어 준 한소망교회에 감사를 드립니다. 대한예수교장로회총회 또한 저에 대해 격려를 아끼지 않았습니다. 무엇보다 제106회기 총회 임원들께 감사의 마음을 전합니다. 부족한 종과 함께 한국 교회를 섬겼던 한교총 각 교단 총회장님들께도 깊은 감사를 전합니다. 새벽부터 늦은 저녁까지 밖에서 사는 날이 허다해도 지지와 기도를 아끼지 않은 가족들에게도 고마운 마음입니다.

오직 하나님께만 영광을! Soli Deo Gloria!

1/

고난의
시대 _____

여의도순복음교회에서 열린 2022년 부활절연합예배를 위하여 한국 교회 모든 교단이 연합하여 2월 22일 파주 한소망교회에서 제2차 준비기도회를 드릴 때 선포한 설교 말씀("고난의 시대, 희망을 만드는 사람들")이다.

그러나 이스라엘 자손은 바다 가운데를 육지로 행하였고
물이 좌우에 벽이 되었더라 그날에 여호와께서 이같이
이스라엘을 애굽 사람의 손에서 구원하시매
이스라엘이 바닷가에서 애굽 사람들이 죽어 있는 것을
보았더라 이스라엘이 여호와께서 애굽 사람들에게 행하신
그 큰 능력을 보았으므로 백성이 여호와를 경외하며
여호와와 그의 종 모세를 믿었더라(출 14:29-31).

아마존(Amazon)의 설립자 제프 베이조스(Jeff Bezos)는 최근에 재미있는 말을 남겼습니다.

"많은 사람들이 위기 시대, 코로나19 팬데믹을 보내면서 10년 후에 세상이 어떻게 달라질까, 어떻게 변화되어 있을까에 너무 많은 관심을 가진 나머지 10년 후에도 변하지 않을 것이 무엇인가 하는 본질적인 문제에 관해서는 생각하지 않는다. 그래서 기업 하는 사람들이 기업의 정신, 기업의 윤리, 기업의 비전을 잘 붙들고 변하는 세상에 대처해야 한다."

기업 하는 사람들, 장사하는 사람들도 이 본질에 관하여 지금 얘기를 하고 있습니다. 하물며 우리 기독교야 말할 나위가 있겠습니까?

위기 시대는 하나님의 음성이 크게 들리는 시대입니다. 영성 신학자들은 위기의 시대에 하나님의 말씀을 듣기 위해 광야로 들어갑니다. 개인적으로나 공동체적으로 위기가 왔을 때는 하나님의 말씀을 들어야 할 때임을 그들은 잘 알고 있었던 것입니다.

우리는 지금 무엇을 보는가

히브리인들에게는 퍽 재미있는 사상이 있습니다. '광야'는 히브리어로 '미드바르'입니다. 미드바르와 어원이 같은 단어로 '다바르'가 있습니다. 다바르는 '말씀, 말씀하다'라는 뜻을 가진 히브리어로, '하나님께서 말씀하신다'라는 의미로 사용됩니다. 즉 '광야의 위기'와 '하나님께서 말씀하신다'라는 말이 같은 어원을 가지고 있다는 것입니다. 히브리어에서 어떠한 단어 앞에 '미'자가 붙으면, 그 단어가 이루어지는 장소를 뜻하게 됩니다. 이스라엘 백성에게 광야는 하나님의 말씀이 임하는 곳이었습니다. 그들은 '미드바르'는 '다바르' 하는 곳이라는 것을 알고 있었습니다.

세상이 어려우면 어려울수록 우리는 하나님의 말씀에 귀를 기울여야 합니다. 이 시대에 한국 교회가 희망을 만들어 내지 못한다면, 아마도 우리는 퍽이나 불행한 걸음을 걸을 수밖에 없지 않을까 생각합니다.

2018년 마이크로소프트(Microsoft)의 창업자 빌 게이츠(Bill Gates)가 미국 대학교와 대학원 졸업생 전원에게 책을 한 권씩 선물했습니다. 스웨덴의 의사이자 통계학자인 한스 로

슬링(Hans Rosling)의 저서《팩트풀니스》(Factfulness)입니다. 그 덕분에 이 책은 단숨에 베스트셀러가 되었습니다. 이 책이 우리에게 주는 메시지는 이렇습니다.

세상 사람들은 부정적인 것, 곧 절망을 먼저 보더라는 것입니다. 사람의 눈은 참 신비롭게도 절망을 보는 순간 희망이 안 보인답니다. 문제를 보는 순간, 문제보다 더 크신 분, 문제를 해결하시는 분인 하나님이 안 보인다는 것입니다. 앞을 보면 뒤가 안 보이고, 뒤를 보면 앞이 안 보이는 것과 같습니다. 이것을 가리켜 '부정의 본능'이라고 합니다. 그래서 공동체에 '부정의 본능'이 만연해지면, 망하는 세상이 된다는 겁니다.

이 책이 소개하는 또 다른 특징은 '비난의 본능'입니다. 진영 간의 대결이 극단적으로 치달으면, 서로를 향해 "저들은 망해도 싸다, 사라져도 마땅하다"라고 비난한다는 것입니다. '비난의 본능'이 공동체를 지배하게 되면, 그 사회는 몰락하게 된답니다.

근래 우리 사회를 보면, 진보와 보수의 진영 대결이 극에 달한 듯합니다. 희망적인 미래를 위한 정책 논의는 실종하고, 어떻게든 한 표라도 더 얻으려는 포퓰리즘(populism)만 남아 있는 듯합니다.

절체절명의 과제

———

부족한 종이 하나님 앞에 오랫동안 기도해 온 제목이 있습니다. 평생 저는 "교회는 세상의 희망"이라고 외쳐 왔습니다. 언제부턴가 이 믿음이, 이 외침이 사라지기 시작했습니다. 제가 하나님께 여쭈었습니다.

"정말 한국 교회가 세상의 희망일까요?"

그러자 하나님이 다음과 같이 응답해 주셨습니다.

"그렇다! 그러나 유효 기간은 그렇게 길게 남지 않은 것 같다. 그러니 희망이 보이지 않는다면, 네가 희망을 만드는 첫걸음을 내디뎌라. 원래 이 세상에 길이 있었던 것은 아니다. 누군가 바른길을 향해 첫걸음을 내디디면 거기에 동의하는 사람들이 뒤따르게 될 것이다. 그래서 많은 사람이 그 뒤를 이으면 그것이 곧 길이 된다. 네가 한국 교회에 희망의 길을 만들어라!"

하나님의 응답을 받은 저는 그 자리에 무릎을 꿇고 엉엉 울었습니다. 그때 기억이 지워지지 않습니다. 내 귀로 들은 말씀이 아닌데, 그보다 더 선명하게 가슴을 울리며 심비(心碑)에 새겨졌습니다.

한국 교회와 교계 리더들이 박수받은 때가 있었습니다. 갈채를 받은 때가 있었습니다. 그러나 그때가 목회와 소명의 삶에 있어서 가장 큰 위기였음을 우리가 경험하지 않았습니까? 만사형통하고 일상이 잔잔하게 느껴질 때가 오히려 공동체에는 위기가 아니었습니까? 바람 없이 고요할 때가 영적으로는 진짜 위기입니다. 내가 잘나서 형통한 줄 알고 우쭐거리기 때문입니다.

나라와 교회가 조금 잘산다 싶었던 그때, 우리는 지혜로운 요셉처럼 7년 풍년 때에 흉년기를 준비했어야 합니다. 그러지 못해서 우리는 대책 없이 7년 흉년기로 접어들고 있습니다. 하루빨리 대안을 만들어야 할 절체절명의 과제가 우리에게 주어진 것입니다.

믿음의 선진이 우리 앞에 깔아 주었던 '평탄의 길'(pavement)은 사라졌습니다. 우리는 다음 세대에 한국 교회를 물려줄 준비를 하고, 그들을 위해 새 길을 내야 하는 시점에 와 있습니다. 우리가 어떤 행보를 보이느냐에 따라 세상에 희망을 줄 수도 있고, 절망을 안길 수도 있습니다. 이 위기의 한복판을 헤쳐 나가야 하지 않겠습니까?

모세를 따라 애굽을 탈출한 이스라엘 백성들은 홍해에 맞닥뜨리자 무엇을 보았습니까? 그들은 절망을 보았습니다. 그러나 모세는 파도가 넘실대는 홍해를 가르시고, 그들을 뒤쫓아오는 애굽 군대를 몰살시키시는 하나님을 바라봤습니다.

교회가 스스로 달라짐으로써 교회다움을 회복하고, 세상에 희망의 길을 제시해야 할 때입니다. 반기독교적인 악습들을 타파하고, 인공지능(AI) 시대로 일컬어지는 새로운 세계를 살아갈 MZ 세대를 비롯한 다음 세대에 기독교의 가치를 통해 희망을 전하는 일에 교회가 앞장서야 할 것입니다.

아침은 반드시 온다

2015년, 바다를 볼 수 없는 충북 청주 출신의 해양 모험가

김승진 선장이 209일간 무동력 요트 아라파니호를 타고 바닷길로만 지구를 한 바퀴 돌아서 큰 화제가 되었습니다. 국내 최초로 단독·무기항·무원조·무동력 요트로 세계 일주에 성공한 인물이 되었습니다. 2014년 10월 19일 당진 왜목항을 출항해서 장장 4만 1,900여km를 돌아 2015년 5월 16일 왜목항으로 귀항한 그가 기자회견에서 한 말들이 우리에게 많은 것을 남겨 줍니다.

우선, 209일 동안 바다에는 항상 바람이 있었다는 것입니다. 단 하루도 빠짐없이 바람이 불더랍니다. 그것이 마치 자기 인생 같더랍니다. 7m 파도가 덮쳐서 무동력 요트가 뒤집혀 죽을 고비를 넘긴 적도 있지만, 진짜 위기는 파도가 잦아들어 잔잔해질 때 찾아오더라고 말합니다. 무료함에 깜빡 졸았더니 상어 떼가 나타나 사투를 벌여야 했고, 아무것도 가진 것이 없는데 해적 떼가 나타나 가슴 졸이며 그들을 설득하는 데 얼마나 어려움을 겪었는지 모른다고 말합니다. 그렇습니다. 이것이 인생이요 교회요 역사입니다. 에덴동산 시절 이후로 위기가 없던 때는 없었습니다.

그의 마지막 말이 가장 인상 깊었습니다. 그는 "7개월 동안, 저녁이 되면 공포가 밀려오고 가슴이 조마조마해져 왔다. 그런데 209일 동안 예외 없이 저녁이 지나고 나면, 아침에 반드시 태양이 밝았다"라고 말합니다. 하루도 예외 없이, 저녁이 지나고 나면 반드시 희망의 태양이 솟아올랐다는 것입니다.

창세기 1장을 보면, 하나님이 하루를 계산하시는데 '아침부터 저녁까지'라는 말이 없습니다. "아침이 되고 저녁이 되니 이는 첫째 날이니라. 아침이 되고 저녁이 되니 이는 둘째 날이니라…." 이런 말이 없습니다. 하나같이 "저녁이 되고 아침이 되니 이는 ○○째 날이니라"(창 1:5, 8, 13, 19, 23, 31)입니다.

이 순서가 바로 기독교입니다. 지금은 비록 주변이 어두워도 사명자로서 빛을 비출 것이며 지금은 위기에 봉착했어도 한국 교회는 반드시 다시 일어나 희망을 만들어 갈 것입니다.

"저녁이 되고 아침이 되니 이는 첫째 날이니라"(창 1:5).

부활의 기쁜 소식 외에 오늘의 희망이 무엇이 있겠습니까? 창조주 하나님이 역사의 주관자이시며, 그분이 우리 아버지요 교회의 주인이시라는 사실 말고 우리가 세상에 선포할 희망이 무엇이 있겠습니까?

2/

새로운
시대 _____

제6대 한국교회총연합 대표회장으로 취임하는 이영훈 대표회장의 취임감
사예배가 2022년 12월 28일 여의도순복음교회에서 열렸다. 이날 직전 대
표회장으로서 전한 설교 말씀("새 시대를 여는 사람")이다.

그들이 내게 이르되 사로잡힘을 면하고 남아 있는 자들이
그 지방 거기에서 큰 환난을 당하고 능욕을 받으며
예루살렘 성은 허물어지고 성문들은 불탔다 하는지라
내가 이 말을 듣고 앉아서 울고 수일 동안 슬퍼하며
하늘의 하나님 앞에 금식하며 기도하여 이르되 하늘의 하나님 여호와
크고 두려우신 하나님이여 주를 사랑하고 주의 계명을 지키는 자에게
언약을 지키시며 긍휼을 베푸시는 주여 간구하나이다(느 1:3-5).

지난 한 세기 동안 우리 민족처럼 전환기적 삶을 경험했던 민족이 또 어디에 있겠으며, 세대가 어디에 있겠습니까? 그러나 이제 또 우리 사회와 교회는 문명사적 대전환기를 맞지 않았나 싶습니다.

우리 세대는 경제적으로나 영적으로나 세계사와 교회사에서 괄목할 만한 성장을 이룬 세대입니다. 이처럼 큰 성장을 맛보고 누린 세대도 아마 없을 것입니다. 특히 한국 교회는 역사상 유례없는 급성장을 기록했습니다. 그러나 그만큼 최단기간에 무너져 내리는 기록 또한 세우고 있는 것이 사실입니다. 불행한 일입니다. 우리가 일으켜야 할 제3의 기적은 무너져 내린 바닥을 딛고 최대한 빨리 회복하는 기록을 세우는 것인 줄로 믿습니다. 우리는 모두 언젠가는 하나님 앞에 서게 될 텐데, 부끄럽지 않은 모습으로 서야 하지 않겠습니까? 그 책임감이 무겁기만 합니다.

교회 안팎에서 들려오는 외침

교회 안팎에서 "건너와서 우리를 도우라"(행 16:9)라는 외침이 들려옵니다. 날로 그 목소리가 커져 갈 뿐 아니라 날카로워지기까지 합니다.

먼저, 교회 안에서 들려오는 외침은 누구의 목소리입니까? 청년으로 대표되는 다음 세대가 "건너와서 우리에게 희망을 보이라"라고 외칩니다. 그들 세대가 무너지고 있기 때문입니다. 교회에 무관심한 세대가 늘어나고 있습니다. 기성세대는 어떤 대가를 치르고서라도 다음 세대에 희망을 보여 주어야 합니다. 절망에 몸부림치는 작은 교회들이 일어설 수 있도록 도와야 하며, 다음 세대에 복음을 전할 수 있도록 연합기관이 똑바로 서야 합니다.

그런가 하면, 교회 밖에서 들려오는 외침은 날카롭기만 합니다. 한국 교회가 하나님의 교회로서 공교회의 위치에 잘 서 있어 달라는 요청입니다. 이는 공공의 유익과 공동의 선을 위한 것입니다. 그들은 우리에게 사회적 약자들의 편에 서고, 공의와 정의의 편에 서서 진영 논리에 편승하지 말고, 건강한 협력과 건전한 비판이라고 하는 복음적인 기조를 잘 지켜 달라고 요구합니다. 한국 교회는 정치권력과 결탁하던 과거의 악습을 담대히 끊어 내야 합니다. 재난이 상존하는 시대에 교회의 치유 사역의 사명을 다해 달라는 요구가 거세어져 갑니다.

한국 교회를 지탱해 온 희망과 신뢰의 성벽이 무너져 내리고 있는데, 우리가 이것을 회복하지 않고서야 어떻게 다음 세대에 물려줄 수 있겠습니까? 교회의 주인은 누가 뭐라고 해도 하나님이십니다. 주님은 분명히 "내 교회를 세우리니"(마 16:18)라고 말씀하셨습니다. 우리 주님이 친히 '교회는 나의 것'이라고 말씀하신 것입니다. 이 주권을 우리는 인정해야 합니다.

교리는 우리를 분열시킵니다. 그러나 하나님 나라는 우리를 하나 되게 합니다. 신학이 우리를 분열시킵니다. 그러나 섬김이 우리를 하나 되게 합니다. 성경이 하나님의 말씀임을 인정하고, 구원의 길은 오직 예수 그리스도 한 분에게만 있다는 사실을 인정한다면, 예수님이 십자가에 달려 돌아가신 이 사건이 대속의 죽음임을 인정한다면, 하나 되기에 충분합니다. 예수님이 다시 오실 것을 믿는다면, 삼위일체의 교리를 믿는다면, 동정녀 탄생을 믿는다면, 하나 되기에 족합니다. 서로 무엇이 다른가에 초점을 둘 게 아니라 우리가 무엇을 위해서 모였으며 무엇으로 하나 되는지를 헤아려야 할 때입니다. 공적 복음 안의 공적 프로세스와 공적 결정을 존중해야 할 것입니다.

한국 교회에 잡초는 없다

부족한 종은 2015년에 CBS 재단이사장으로 섬겼고, 2022년 한 해 동안 한교총 대표회장으로 섬김으로써 연합 사역에 몸담은 경험이 있습니다. 이런 섬김의 기회를 통해 한국 교회와 연합기관을 위해 기도하면서 깨달은 바가 있습니다. 연합 사역은 결코 홀로 부르는 독창이나 혼자 연주하는 독주가 아니라는 사실입니다. 혼자 마라톤 하는 자리가 아니더란 얘깁니다.

연합 사역은 릴레이 경주와도 같습니다. 어떤 일이 있어도 하나님이 내게 맡겨 주신 바통을 떨어트리지 않고, 다음 주자에게 잘 인계해야 합니다. 바통을 바꾸려고 해서는 안 될니다. 달리던 길에서 벗어나려고 해도 아니 되는 것입니다. 바통을 잘 넘겨주고, 잘 넘겨받는 것이 곧 연합 사역입니다.

그러므로 연합 사역을 잘하려면 각자 자신의 교단 계급장을 떼야 합니다. 큰 교단도 없고, 작은 교단도 없습니다. 선배도 후배도 있을 수가 없습니다. 가진 자, 못 가진 자, 큰 자, 작은 자가 있을 수가 없습니다. 너도나도 모두 발가벗고 목욕탕에 들어가서 서로 섬기는 것이 바로 연합 사역이라고 생각합니다. 우리는 그리스도를 등에 업고 서로 섬기기 위해 모인 사람들입니다. 그 누구도 작은 자가 될 수 없는 곳이 바로 연합 사역 기관입니다.

고려대학교 생명과학대학 환경생태공학부 강병화 교수는 내가 사는 대한민국 땅에 어떤 식물들이 있는지 조사해야겠다고 마음먹고 17년간 전국을 다니며 야생 들풀을 채집했습니다. 그 결과, 4,500여 종의 씨앗을 모을 수 있었습니다. 혼자 힘으로 급기야 종자은행을 세우기까지 했습니다.

그는 이렇게 말합니다.

"17년간 전국을 돌아다니며 경험한 바에 따르면, 이 세상에 '잡초'는 존재하지 않는다. 밀밭에 벼가 나면 그게 바로 잡초고, 보리밭에 밀이 나면 그 역시 잡초가 된다. 산삼이라 해도 엉뚱한 데 나면 잡초다. 잡초란 단지 뿌리를 내린 곳이 다를 뿐이다."

〈잡초〉는 가수 나훈아의 대표곡입니다. 그는 "아무도 찾지 않는 바람 부는 언덕에/ 이름 모를 잡초야/ 한 송이 꽃이라면 향기라도 있을 텐데/ 이것저것 아무것도 없는 잡초라네"라고 노래했는데, 강병화 교수는 들에서 자라는 모든 풀은 다 이름이 있고 생명이 있다고 말합니다. 저마다 향기가 있고, 아름다움이 있고, 멋도 있더라는 것입니다. 즉 이 세상에 잡초는 없다는 것입니다.

교회도 마찬가지입니다. 우리 교회 가운데 어떤 지체도, 한국 교회의 어떤 교단도 잡초일 수 없습니다. 우리 안의 작은 소리에도 귀를 기울여야 할 때입니다.

무너진 시대를 재건하라

———

느헤미야는 바벨론 포로 3세로 군계일학의 실력으로 고위

관직에 올라 출세하게 됩니다. 세상에 어떤 변화와 위기와 어려움이 있어도 혼자는 잘 먹고 잘 살 수 있는 위치에 있던 사람이었습니다. 고향 유다에서 동생 하나니가 찾아왔기에 고국 소식을 물었습니다. 느헤미야는 예루살렘 성벽은 무너지고, 성문이 불에 타 잿더미가 되었다는 이야기를 듣고, 수일 동안 슬퍼하며 하나님 앞에 금식하며 기도했습니다(느 1:3-4). 그리고 어렵사리 고국 땅 시온성(예루살렘)으로 돌아옵니다.

돌아와서 하나니가 보고한 내용이 얼마나 진실한가를 확인하기 위하여 밤에 말을 타고 돌아보는데, 온 도시가 쓰레기더미입니다. 말이 전진하지 못해 돌아올 수밖에 없었던 것이지요. 말의 머리를 돌리면서 어쩌다가 시온성이 이 지경이 되었단 말인가 하고 한탄하였습니다. 그 후에 지도자들을 모아 놓고 일성을 토합니다.

"다시는 무너지지 말자! 반드시 성벽을 다시 세워야 한다! 그 위에 다시는 무너지지 말자!"

한국 교회 역사상 처음으로 《한국 교회 트렌드 2023》이라는 책이 발간되었습니다. 2023년을 내다보며 한국 교회의 모습을 전망한 보고서입니다. 이 책은 모든 교인이 부평

초 교인이 되어서 뿌리를 내리지 못하고 있으며 특별히 다음 세대가 플로팅 크리스천으로 인터넷상에서 둥둥 떠다니고 있다고 보고합니다.

또한 기후 위기는 우리가 과연 지구촌을 다음 세대에 물려줄 수 있을 것인가 하고 의심하게 합니다. 자연은 사람 없이도 잘 살아갑니다. 그러나 사람은 자연 없이는 살 수가 없습니다. 우리는 국가와 사회와 교회뿐 아니라 하나님이 다스리라고 명령하신 이 지구를 잘 다스려야 할 의무가 있습니다. 그리고 사회는 양극화되고, 교회는 격차 교회(Polarization Church)로 대립이 더욱 심화될 것입니다. 이에 교회의 공공성에 관한 요구가 거세어지고 있습니다.

이 책은 이 땅의 많은 크리스천이 SBNR 교인이 되어 가고 있다고 보고합니다. SBNR은 'Spiritual But Not Religious'의 약자로, "교회는 안 다녀요. 그런데 나는 그리스도인이에요"라고 말하는 사람들을 가리킵니다. 이런 사람들이 점점 더 늘어난다는 것입니다. 영적인 관심은 깊어가지만, 교회에는 무관심한 세대입니다. 그래서 타 종교나 이단에 빠질 위험성이 높습니다. MZ 세대는 붙들려고 하면 할수록 도망치는 세대입니다. 그런데 MZ 세대를 잇는

다음 세대, 스마트폰이 대중화된 후에 태어난 2010년대 초반부터 2020년대까지의 세대인 알파 세대는 요셉을 알지 못하는 세대처럼 복음을 모르는 세대로 자라고 있다고 보고서는 말합니다.

우리는 지금 성문이 무너진 시대를 살고 있습니다. 예루살렘 성문이 무너진 것을 본 느헤미야는 어떻게 했습니까? 우선순위를 정했습니다. 양 문부터 시작하여 성벽을 수축하기로 한 것입니다. 즉 하나님과의 깨어진 관계, 무너진 기도의 탑, 점점 더 허물어져 가는 예배의 자리, 영성의 자리, 기도의 자리부터 다시 세우기로 결단한 것입니다.

그리고 어떻게 세웁니까? 느헤미야 3장을 보면, "그다음은"(next to him/next to them)이라는 말이 개역개정 성경에 31회나 반복적으로 등장합니다. 반드시 모든 사람이 각자 자기 자리에서 일어나 자기 주변의 성벽을 세우도록 요청한 것입니다.

성벽을 수축하고 성문을 세운 느헤미야는 이제 성경으로 돌아가서 민족을 재건하고자 합니다. 에스라 학사를 초청하여 말씀 부흥회를 연 것입니다. 온 백성이 말씀을 듣고 기뻐 "아멘 아멘" 하며 통곡했습니다.

Back to the Bible! 오늘날 우리가 무너진 이 시대를 다시 일으켜 세울 자재는 그 무엇도 아닌 하나님의 말씀입니다. 하나님의 뜻이 담긴 진리의 복음만이 한국 교회를 세울 수 있습니다.

3/

생명의
시대 _____

한국장로교총연합회는 2022년 7월 7일 서울한영대학교에서 '제14회 한국
장로교의 날'을 개최하였다. 기념 감사예배 설교자로서 시편 16장 11절, 디모
데전서 6장 12절을 본문으로 말씀("참된 생명의 길을 걷는 교회")을 선포하였다.

주께서 생명의 길을 내게 보이시리니
주의 앞에는 충만한 기쁨이 있고
주의 오른쪽에는 영원한 즐거움이 있나이다(시 16:1).

한국 교회에는 장로교회를 비롯하여 다양한 교단과 교파가 있습니다. 제가 섬기는 한교총에도 35개의 크고 작은 교파의 교단들이 있습니다. 모든 교파와 교단들은 각자 독창을 하는 것이 아니라 함께 합창을 하며 연합하여 한국 교회를 세워 가야 합니다. 하나님 앞에는 큰 교단도 없고, 작은 교단도 없습니다. 우리 모두 그리스도를 섬기고, 함께 세상을 섬기기 위해 부름받은 하나님의 교회입니다. 장로교의 날을 맞이하여 선포하는 이 메시지가 장로교회 뿐만 아니라 한국 교회 전체가 걸어가야 할 길을 제시하는 메시지가 되기를 바랍니다.

　　한국 교회 천만 성도를 운운하던 때가 있었습니다. 그 당시 통계에 따르면, 한국 교회 천만 성도 가운데 장로교인이 700만 명에 달했습니다. 전 세계 장로교인은 1,800만이었습니다. 한국 교계에는 대의정치를 따르는 장로교회는 물론 감독정치의 감리교회와 회중교회 등에도 장로들이 있습니다.

　　장로교회는 분명한 원칙이 있습니다. 바로 장 칼뱅(Jean

Calvin)의 5대 강령(TULIP) 및 12신조의 교리와 대의 정치제도는 장로교회의 두 기둥이자 정체성입니다. 하나님은 이러한 정체성으로 세워진 장로교회로 하여금 한국 땅에서 크게 번성케 하셨습니다. 그렇기에 장로교회가 바로 서면 한국 교회가 바로 섭니다. 장로교회가 하나 되면 한국 교회가 하나 됩니다.

기독교가 한반도 역사에 끼친 영향

저는 6·25 전쟁 끝자락에 태어났습니다. 제가 태어나자 한 달도 안 되어 전쟁이 끝나고, 휴전 협정이 이루어졌습니다. 그런데 당시 한국 교회는 예장과 기장이 갈라져 다투고 있었습니다.

19세기 말 우리 민족은 5천 년 역사 가운데 가장 암울한 시기를 보냈습니다. 강대국들이 이 나라를 떠나고, 우리는 일제 강점이라는 암흑 속으로 조금씩 빨려 들어가고 있었습니다. 바로 이때 하나님이 이 땅을 찾아오시는 발자국 소리가 나지막이 울렸습니다.

1882년 5월 22일 조선과 미국 간에 조미 수호 통상 조약이 체결되었습니다. 수호 통상 조약이란 말 그대로 양국의 거래를 시작하며 우리나라에 미국의 정치적 영향력을 키우겠다는 뜻입니다. 그러나 하나님은 국가 간의 이기심을 뚫고, 복음의 역사를 신묘막측(神妙莫測)하게 시작하십니다.

먼저, 의사와 교사들이 복음을 들고 들어와 병원과 학교를 세웠습니다. 우리는 서구 사회에 눈을 뜨고, 복음에 마음을 열기 시작했습니다. 그리고 1885년에 장로교 선교사 호러스 언더우드(Horace G. Underwood)와 감리교 선교사 헨리 아펜젤러(Henry Appenzeller)가 선교사로서 이 땅에 첫발을 디뎠습니다. 감리교회에서는 젊은 아펜젤러가 먼저 배에서 뛰어내렸다고 하는데, 설마 동방예의지국에 내리면서 그럴 리가 있었겠습니까? 형님인 언더우드가 먼저 내렸을 겁니다.

1905년 을사늑약으로 조선은 외교권을 박탈당했고, 그로부터 2년 후인 1907년에 한국 교회 최초로 하나의 독립된 교단인 독노회가 설립되었습니다. 바로 이 독노회에서 한반도 역사상 최초로 민주적인 선거가 치러졌습니다.

1910년 조선은 결국 일제에 의해 국권을 상실하고 맙니다. 그 2년 후인 1912년에 장로교 총회가 창립되었습니다. 이처럼 국가가 위기 속에 무너져 갈 때, 하나님은 장로교회로 하여금 전국적인 조직을 갖추게 하시고, 신음하는 백성을 돌보게 하셨습니다.

일제 강점기에는 미국 제28대 대통령(1913-1921)을 역임한 장로교인 우드로 윌슨(Woodrow Wilson)의 민족자결주의가 우리의 자주독립운동에 지대한 영향을 끼쳤습니다. 특히 하와이, 상하이 등지의 해외 한인교회와 동경 YMCA 젊은이들에게 큰 영향을 끼쳤습니다. 민족자결주의는 각 민족은 자신의 정치적 운명을 스스로 결정할 권리가 있으며, 이 권리는 다른 민족의 간섭을 받을 수 없다는 내용을 담고 있습니다. 윌슨 장로의 성명과 함께 4천여 년간 군주 국가였던 우리나라가 국민이 주인이 된 자유 민주주의 국가로 거듭났습니다. 이것이 지금의 대한민국입니다.

3·1운동을 준비하던 남강 이승훈 장로는 한국 교회 지도자들을 찾아가 만세 운동에 나서 줄 것을 요청했습니다. 그러나 교회 지도자들은 복음을 전하는 목사가 사회 운동에 참여하는 것이 과연 바람직한가를 놓고 고민에 빠졌습니

다. 그러자 남강이 자리를 박차고 일어나 이렇게 일갈했다
고 합니다.

"나라 잃은 놈이 혼자 예수 믿고 천국 가는 게 복음입니
까? 온 백성이 지옥에서 살고 있는데, 천당 얘기만 하는 게
목사요 교회입니까?"

그가 외친 것은 바로 애국의 복음, 공적 복음, 해방의 복
음입니다. 만세 운동 당시 민족대표 33인 가운데 그리스도
인은 남강을 비롯해 16명이나 됩니다. 당시 조선의 기독교
인은 단 1.3%에 불과했습니다. 그런데 민족대표 33인의 거
의 절반이 기독교인이었으며 만세 운동으로 가장 많이 투
옥되었던 이들은 장로교인들이었습니다. 이것이 기독교입
니다. 이것이 복음입니다. 이것이 대한민국의 장로교회입
니다.

교회는 여전히 세상의 희망인가

———

2016년에 다보스포럼 회장 클라우스 슈밥(Klaus Schwab)이

주장했던 제4차 산업혁명이 실제로 우리 눈앞에서 펼쳐지고 있습니다. 제3차 산업혁명 시대에는 큰 물고기가 작은 물고기를 잡아먹었지만, 지금은 빠른 물고기가 느린 물고기를 잡아먹는 시대랍니다. 교회는 이 시대의 작은 물고기나 느린 물고기가 아닌가 하는 불안감과 위기감이 고조되고 있습니다.

그뿐 아니라 국제 사회는 미국과 중국, 곧 기존 강대국과 치고 올라오는 신흥 경제 강국의 패권 싸움으로 주변 국가들이 피해를 보는 투키디데스의 함정(Thucydides Trap)에 빠져들고 있습니다. '투키디데스의 함정'이란 새로운 강대국이 부상하면 기존의 강대국이 이를 견제하는 과정에서 전쟁이 발발한다는 뜻의 용어로 역사가 투키디데스가 그의 저서 《펠로폰네소스 전쟁사》에서 기존 맹주 스파르타가 신흥 강국 아테네의 추격에 불안감을 느껴 견제하다가 지중해의 주도권을 잡기 위해 전쟁을 벌이게 되었다고 주장한 데서 유래했습니다. 지난 몇십 년간 사라졌던 냉전의 망령이 되살아나 지구촌은 신냉전 시대라는 위기에 직면하게 되었습니다.

미래의 희망이 보이질 않자 출산율이 점점 낮아지고 있

습니다. 우리나라는 2013년부터 계속 OECD 국가 중 합계출산율 꼴찌를 기록하고 있습니다. 자칫하면 지구촌에서 제일 먼저 사라질지 모를 위기에 처했습니다. 게다가 나랏빚은 1,000조를 넘었다고 합니다. 그러니 젊은이들이 꿈꾸고 일할 기회의 총량이 확연히 줄어들 수밖에 없습니다.

이처럼 전방위적으로 펼쳐지는 위기 상황 속에서 세상은 "교회는 여전히 세상의 희망인가? 과연 종교는, 아니 교회는 필요한가?" 하고 묻습니다.

시편 16편은 시편 중 총 일곱 편의 '메시아 예언 시'가운데 한 편입니다. 다윗이 절체절명의 위기 상황에서 받은 하나님의 말씀입니다. 다윗은 위기에 맞닥뜨리자 "여호와를 항상 내 앞에 모심이여"(시 16:8)라고 노래하며 자신을 하나님의 임재 앞에 세웁니다. 이는 종교개혁자들이 외치던 5대 솔라(Five Solas)의 바탕이 된 코람 데오(Coram Deo) 정신입니다. 다윗이 주님 앞에 설 때, 하나님이 살길을 보여 주십니다. 그는 "주께서 생명의 길을 내게 보이시리니"(시 16:11)라고 고백합니다.

언제나 위기의 때는 곧 주께로 돌아오라는 음성을 들을

때입니다. 본질로 돌아가야 할 때인 것입니다. Back to the Bible! 성경 말씀으로 돌아가야 할 때입니다. 그것이 살길입니다. 오직 우리 주 예수 그리스도만이 "길이요 진리요 생명"(요 14:6)이시기 때문입니다.

종말에 비칠 예수 그리스도의 빛으로 오늘을 바라보면, 그 어떤 위기에도 희망을 볼 수 있습니다. 생명의 길을 볼 수 있습니다. 예수님이야말로 세상의 희망이요 예수 그리스도 안에 있는 교회야말로 구원의 희망입니다.

사도 바울은 제자 디모데를 향해 "너 하나님의 사람아"(딤전 6:11)라고 부르며 어떤 위기가 닥쳐도 "믿음의 선한 싸움"을 싸워 "영생을 취하라"고 명합니다(딤전 6:12). 오늘날 한국 교회가 패배 의식과 위기감을 떨쳐 버리고 자리를 박차고 일어나 "믿음의 선한 싸움"을 합시다. 그러면 우리 사회가 힘을 얻어 일어날 것이고, 한국 교회가 진정한 부흥의 길, 참된 생명의 길을 걷게 될 것이며 세계 교회가 힘을 얻을 것입니다.

다시 새로운 발걸음을!

———

백범 김구 선생이 좌우명 삼아 즐겨 외던 한시(漢詩)가 있습니다. 조선 후기 문신 이양연(李亮淵)이 쓴 시입니다.

穿雪野中去(천설야중거) 눈을 밟으며 들길을 갈 때
不須胡亂行(불수호란행) 모름지기 허튼 걸음을 말라
今朝我行迹(금조아행적) 오늘 내가 남긴 발자취는
遂作後人程(수작후인정) 마침내 후인의 길이 되리니

우리는 코로나19 팬데믹 이후 미증유(未曾有)의 문명사적 대전환기를 맞았습니다. 즉 한 번도 걸어 보지 못한 길을 가고 있습니다. 문제만 바라보고 두려움에 떨고 있을 때가 아닙니다. 문제보다 크신 하나님을 바라봐야 합니다. 내가 살고 네가 살고, 교회가 살고 세상을 살리는 생명의 길을 찾아야 할 때입니다. 교회가 생명의 길이 되어야 합니다.

엔데믹(Endemic) 시대에 많은 사람이 아직도 팬데믹 이전으로 돌아갈 수 있는가를 묻고 있습니다. No! 아닙니다. 못 돌아갑니다. 우리가 돌아갈 곳은 코로나19 이전, 팬데믹 이

전이 아닙니다. 하나님께로 돌아가야 합니다. Back to the Bible! 성경으로 돌아가야 합니다. 초대 교회로 돌아가야 합니다. 살아계신 성령님 앞으로 돌아가야 합니다. 교회의 주인은 우리 주 예수 그리스도, 오직 한 분뿐입니다. (개혁된) 교회는 날마다 개혁되어야 합니다(Ecclesia reformata, semper reformanda).

성공 신학, 번영 신학, 교회 성장 지상주의, 물량주의를 자랑하다 무너진 그 자리에서 이 시대의 수많은 문제와 과제를 가슴에 품고, 다시 일어납시다. 참된 생명의 길을 함께 걸어갑시다.

우리 그리스도인은

하나님 아버지 한 분을 모시고,
하나의 거룩한 공교회를 믿는다고
고백하는 사람들입니다.

어떤 위기와 어려움을 만나도

이 신앙고백을 따라 하나 됨을 지켜야 합니다.
그리고 많은 일을 하기보다
올바른 일을 바르게 하는 일에 힘써야 합니다.

"교회는 선교함으로써 교회가 되어 간다"는
어느 신학자의 말처럼

교회는 예수 그리스도를 온전히 좇을 때
진정한 교회가 되어 갑니다.

가슴과 귀를 넓게 열고,
하나님의 음성을 듣고,
고통에 몸부림치며 아파하는
교회의 신음 소리와

교회를 향한 세상의 외침에
귀 기울입시다.

한국 교회에 "하나 되어라!
한국 사회의 근대화를 이끌어 온
기독교 교육의 건학 이념을 지켜라!
성평등이 아닌 양성평등의 성경적 가정을 지켜
이 땅에 하나님 나라를 세우라!"라고 하시는

하나님의 준엄한 명령을
온 힘을 다해 지킵시다.

-2021년 12월 20일 한교총 대표회장 취임사 중에서

4/

꿈을
기억하기 _____

2022년 8월 10일 한교총 주최로 여의도순복음교회에서 드려진 '광복 77주년 한국 교회 기념예배'에서 신명기 8장 1-2절, 17-18절을 본문으로 선포된 설교 말씀("야드바셈: 꿈엔들 잊을 건가?")이다.

내가 오늘 명하는 모든 명령을 너희는 지켜 행하라
그리하면 너희가 살고 번성하고 여호와께서 너희의 조상들에게
맹세하신 땅에 들어가서 그것을 차지하리라 네 하나님 여호와께서
이 사십 년 동안에 네게 광야 길을 걷게 하신 것을 기억하라
이는 너를 낮추시며 너를 시험하사 네 마음이 어떠한지
그 명령을 지키는지 지키지 않는지 알려 하심이라 (신 8:1-2).

20세기 중엽, 모진 고난을 겪은 두 민족이 있습니다. 유대인과 한국인입니다. 동쪽에서는 일본 제국주의에 의해 한국인이, 서쪽에서는 나치(Nazi) 독일에 의해 유대인이 모진 고난을 겪었습니다.

1941년, 일본은 세계 패권의 야심을 드러내며 그들이 소위 '대동아 전쟁'이라 부른 태평양 전쟁을 일으킵니다. 이 무렵 일제의 핍박과 전쟁으로 인해 죽은 우리 백성은 500만을 훌쩍 넘어 통계에 잡히지 않는 사람을 더하면 800만 명에 달합니다. 그것도 모자라 일제는 1945년 8월 17일 우리 민족 지도자와 교회 지도자들을 모조리 죽일 계획을 세우고 있었습니다. 그러나 우리 민족은 8월 15일 해방을 맞게 됩니다. 만약 이틀만 더 늦어졌다면 어찌 되었을까요? 하나님의 계획과 역사는 신묘막측하기만 합니다. 하나님은 마지막 때에 세계를 구원할 선교의 나라, 선교의 백성으로 쓰시기 위해 이 백성을 구원하여 당신의 백성으로 삼으셨습니다.

잊지 마라! 야드 바셈

1939년부터 1945년까지 제2차 세계대전이 벌어지는 동안, 나치 독일은 유대인 600여만 명을 학살하였습니다. 이 비극적인 대학살을 기억하기 위해 유대인들은 예루살렘에 야드 바셈 홀로코스트 박물관(Yad Vashem Holocaust History Museum)을 지었습니다. 세계적인 건축가 모쉐 샤프디(Moshe Safdie)가 설계했습니다. 예루살렘 외에도 미국 전역에 수십 곳, 유럽의 파리와 베를린 등 수십 곳에 홀로코스트 박물관 및 기념관이 세워졌습니다.

야드 바셈은 "내가 내 집에서, 내 성 안에서 아들이나 딸보다 나은 기념물과 이름을 그들에게 주며 영원한 이름을 주어 끊어지지 아니하게 할 것이며"(사 56:5)의 "기념물과 이름"에서 따온 것으로 희생된 사람들의 "이름을 기억하라"는 뜻입니다. 기념관 입구엔 이런 글귀가 새겨져 있습니다.

"용서하라! 그러나 잊지는 마라!"

지난 역사의 비극을 용서하지도 못하면서 잊어버리고 사는 것과 얼마나 대조됩니까? "역사를 잊은 민족에게 미래는 없다"라는 역사의 교훈이 있습니다. 우리는 과거를 용서하고, 미래로 나아가되 그날의 아픔을 똑똑히 기억해야 합니다.

신명기는 모세가 40년의 광야 여정을 마치고 가나안을 바라보며 백성들에게 들려준 고별 설교입니다. 이 설교를 한마디로 요약하면, "야드 바셈", 곧 "잊지 마라!"입니다.

"애굽의 노예 생활에서 해방된 것은 너희가 잘나서나 힘이 있어서가 아님을 기억하라. 왜 광야에서 40년간 고생해야 했던가를 잊지 마라. 이 고생을 통하여 하나님을 경험한 것과 하나님의 은혜로 모진 여정을 견뎌 낸 것 또한 잊지 마라. 야드 바셈."

"훗날 가나안 땅에서 잘살게 되더라도 그것이 우리 힘과 능력으로 이루어진 것이 아님을 기억하라. 야드 바셈. 제발 하나님의 은혜를 기억하고, 너희 민족을 사랑하신 하나님이 역사의 살아계신 주인이심을 잊지 마라! 야드 바셈."

"네가 아름다운 땅에서, 평안한 집에서 부족함 없이 살아도, 금은보화 소유가 풍부해질지라도, 네 조상이 겪은 고난의 시간을 잊지 마라. 야드 바셈."

왜 잊지 말아야 합니까? 애굽의 종살이로 되돌아가서는 안 되기 때문입니다.

꿈엔들 잊으랴

우리는 대체 무엇을 잊지 말아야 합니까? 1910년 8월 29일 우리는 나라를 빼앗기고 일제의 식민 통치하에 들어갔습니다. 1945년 8월 15일 해방되기까지 35년에서 14일이 모자라는 12,771일의 치욕의 시간을 보내고, 일본이 연합군에게 무조건 항복함으로써 일제에 빼앗겼던 국권을 비로소 되찾았습니다. 하나님이 우리에게 말씀하십니다.

"다시는 일제 강점기와 같은 비극의 역사를 되풀이하지 마라. 야드 바솀."

"너희 조상들이 어떤 고난을 겪었는지를 기억하라. 다시는 나라를 빼앗기지 말아라. 하나님이 너희 백성을 얼마나 사랑하시는지를 기억하라. 그 은혜, 그 사랑을 기억하라. 꿈에도 잊지 마라. 야드 바솀."

2016년에 개봉한 영화 〈동주〉는 우리가 교과서에서 〈서시〉로 만났던 시인 윤동주의 삶과 고뇌를 그리고, 일제의 잔악성을 알림으로써 애국심을 일깨워 주었습니다. 영화를 보고 난 한 평론가는 이렇게 말했습니다.

"잊지 말아야 한다. 지금 우리가 아무리 편안한 나날을 보내도 그 비극적인 암흑기에 우리가 누리는 이 평화를 꿈꾸며 싸우다 죽어 간 영웅들의 역사를 잊어서는 안 된다."

몇 년 전, 일본을 여행하던 중에 후쿠오카에 들렀는데, 그날이 공교롭게도 윤동주가 후쿠오카 형무소에서 죽음을 맞이했던 2월 16일이었습니다. 일본 경찰은 윤동주가 뇌출혈로 사망했다고 발표했지만, 실제로는 생체실험 대상이 되어 의문의 주사를 맞고 죽은 겁니다. 예정된 일정을 중단하고, 그 비극의 장소를 찾아가 보고 싶어졌습니다. 어렵사리 찾아가긴 했지만, 이미 형무소는 없어지고 다른 건물들이 들어서 있었습니다. 옛 형무소 터 담장에는 한국에서 온 어느 젊은이가 윤동주의 죽음을 기리기 위해 다녀간다는 글귀와 함께 남긴 꽃 한 송이가 꽂혀 있었습니다. 우리 일행은 그 앞에서 손잡고 함께 기도했습니다. 이것을 꿈엔들 잊겠습니까?

그 기쁨을 잊지 말라

1905년 11월 20일 황성신문의 장지연 주필은 〈시일야방성대곡〉(是日也放聲大哭)이란 제목의 글을 올렸습니다. "이날에 목놓아 크게 우노라"라는 뜻입니다. 장 주필은 고종 황제의 승인을 받지 않은 을사늑약의 부당함을 알리고, 이토 히로부미와 이완용, 박제순, 이지용, 이근택, 권중현 등 을사오적(乙巳五賊)을 규탄했습니다. 온 백성이 나라 빼앗김을 서러워하며 목놓아 울어야 한다는 것입니다.

그러다가 하나님의 은혜로, 하나님의 능력으로, 이 백성을 사랑하시는 하나님의 사랑으로 마침내 우리 민족은 광복을 맞이했습니다. 광복(光復)은 빛을 되찾았다는 의미입니다. 빼앗긴 주권을 되찾은 우리는 해방의 기쁨을 누렸습니다. 과연 온 백성과 산천이 춤추었을 것입니다.

민족 지도자 중 한 명인 오윤선 장로의 아들이자 조만식 선생의 친구인 작가 오영진은 광복의 그날에 관해 이렇게 썼습니다.

"나는 완전히 정신분열증에 걸린 것 같다. 두 손이 떨려 조선 독립 만세를 부를 수도 없었다. 사랑에서 안방으로,

안방에서 사랑으로 의미 없이 들락날락하며 혼잣말로 중얼거리는 것이다. 기쁜 날이 왔다. 기쁜 날이. 너도나도 다 같이 기뻐해야 한다. 만나는 사람마다 붙잡고 악수하자. 나는 히죽히죽 웃었고, 만나는 사람마다 끌어안다시피 악수했다. 평양시에서 멀리 떨어진 곳에서부터 만세 소리가 들려오기 시작하더니 점점 도시로 파급되어 왔다. 온 도시가 만세 소리에 뒤덮이게 되었다. 그날 밤이 지난 새벽에 평양 신사가 불에 탔다. 일본 제국주의의 상징이고, 한국 교회를 박해하던 상징인 평양 신사가 불에 탔다. 길거리에 쏟아져 나온 사람들은 저마다 만세 소리를 외쳤다."

그날의 해방은 정치적 해방을 훌쩍 뛰어넘는 인간 자체의 해방이었습니다. 특별히 일제 신사참배의 강요에서 벗어나 종교의 자유를 되찾은 해방이었습니다. 이건 분명히 일제의 신토(神道)이즘과 싸워 이긴 하나님의 승리요 한국 교회의 승리였습니다.

1945년 9월 7일 일본이 패망하고 미군이 한반도에 진주하면서 맥아더 사령부가 한국인을 대상으로 발표한 '맥아더 포고령'도 분명히 말합니다.

"조선 인민은 점령 목적이 항복 문서를 이행하고 자기들

의 인권 및 종교의 권리를 보호함에 있다는 것을 보장받
는다."

그러므로 우리는 광복의 기쁨을 잊지 말아야 합니다.
36년간 우리 조상이 겪어야 했던 모진 고난을 잊지 마십
시오. 역사의 주인이신 하나님이 힘없는 이 백성을 사랑하
셔서 해방의 기쁨을 주셨다는 사실을 잊지 마십시오. 야드
바셈!

5/

복음을
기억하기 _____

2022년 10월 9일 한소망교회 주일예배에서 10월 5-7일에 <조선일보>, <중앙일보>, <한겨레> 등 주요 일간지 기자들과 함께 근대 기독교 문화유산 유적지를 답사한 후 얻은 은혜를 나누며 누가복음 2장 1-7절을 본문으로 말씀("버려진 땅에 복음이 뿌려지니")을 선포하였다.

그때에 가이사 아구스도가 영을 내려 천하로 다 호적하라 하였으니
이 호적은 구레뇨가 수리아 총독이 되었을 때에 처음 한 것이라
모든 사람이 호적하러 각각 고향으로 돌아가매
요셉도 다윗의 집 족속이므로 갈릴리 나사렛 동네에서 유대를 향하여
베들레헴이라 하는 다윗의 동네로 그 약혼한 마리아와 함께
호적하러 올라가니 마리아가 이미 잉태하였더라
거기 있을 그때에 해산할 날이 차서 첫아들을 낳아 강보로 싸서
구유에 뉘었으니 이는 여관에 있을 곳이 없음이러라(눅 2:1-7).

누가복음은 예수 그리스도의 탄생을 이렇게 묘사합니다.

"첫아들을 낳아 강보로 싸서 구유에 뉘었으니 이는 여관에 있을 곳이 없음이러라"(눅 2:7).

하나님의 아들은 왕궁이 아닌 냄새나는 가축의 우리로 오셨습니다. 그것도 짐승의 밥통에 누이셨습니다. 이것이 기독교의 본질이요 출발점입니다. 즉 기독교는 십자군 정신으로 세상을 정복해 가는 종교가 아니라 십자가 정신으로 낮아져 세상을 섬기는 종교입니다. 본질로 가면 교회는 살게끔 되어 있습니다. 본질에서 멀어지면, 그만큼 교회는 교회다움을 잃습니다.

버려진 땅에 복음이 심기면

———

한번은 주요 일간지 종교 담당 임원과 기자들을 모시고 사홀간 근대기독교 문화유산을 돌아보며 초기 선교사님들의 발자취를 돌이켜 본 적이 있습니다. 마지막에 방문한 곳은 대구 선교의 향취가 남아 있는 청라언덕이었습니다. 청라(靑蘿)라는 이름은 당시 언덕 위 선교사들의 붉은 벽돌집이 푸른 담쟁이덩굴로 뒤덮여 있어서 푸를 청(靑)에 담쟁이 라(蘿)를 써서 '푸른 담쟁이덩굴' 언덕이라 부른 데서 유래했습니다.

1922년에 탄생한 가곡 〈동무 생각〉은 이은상이 시를 쓰고, 박태준이 곡을 붙였는데, 가사에 청라언덕이 등장합니다.

"봄의 교향악이 울려 퍼지는/ 청라언덕 위에 백합 필 적에/ 나는 흰나리 꽃향기 맡으며/ 너를 위해 노래, 노래 부른다/ 청라언덕과 같은 내 맘에 백합 같은 내 동무야."

원래 이곳은 집 없는 거지들이 길가에서 죽으면, 그 시신을 실어다가 버리는 곳이었습니다. 대구에서 나온 온갖 더러운 쓰레기를 다 갖다 버려서 '똥산'으로 불렸던 곳입니다. 이 넓은 언덕을 선교사님들이 사들였습니다. 아무도 주목하지 않았고, 반대하는 사람도 없었습니다.

대구 지역 선교에 헌신한 제임스 애덤스(James Adams)는 이 청라언덕에 대구제일교회를 세웠습니다. 그는 하루에 한 교회를 세울 정도로 경북 대구 지역을 미친 듯이 뛰어다니며 복음을 전했습니다. 세운 교회마다 어린아이들을 가르치는 초등 과정의 학교를 세웠습니다. 그리하여 선교사들이 계성중·고등학교, 신명여자중·고등학교를 세웠고, 계성과 신명에서 각각 한 자씩 따와 계명대학교가 세워졌습니다.

애덤스를 돕기 위해서 대구로 내려왔던 우드브리지 존슨(Woodbridge Johnson) 의료 선교사는 이 언덕에 병원을 세우고, '동산병원'이라 이름하였습니다. 동산병원 제2대 원장을 지낸 아치발드 플레처(Archibald Fletcher)는 몰려오는 한센병 환자들을 따로 진료하기 위해서 별도의 공간을 마련했습니다. 영국 한센병 구제회의 도움으로 청라언덕 옆에 4만 평의 대지를 사들여 그들을 진료하고 돌보기 시작했으니, 이곳이 바로 '애락원'입니다.

대구 지역뿐 아니라 호남 지역을 선교 교구로 맡은 선교사들 또한 오늘 복음을 전하고 내일 죽을 사람처럼 복음 전도는 물론 사회적 약자들을 돌보는 일에 미쳐 있었습니다.

그들이 호남 땅을 밟을 무렵 청일전쟁을 마치고 돌아가던 일본 군인들에 의해 퍼진 콜레라가 기승을 부리고 있었습니다. 당시 콜레라에 걸리면 80-90%가 죽어 나갔습니다. 일제 강점기에 약을 구할 수 없었던 우리 백성들의 치료책이라고는 부적을 갖다 붙이는 것이 전부였습니다. 그래서 선교사들은 죽기를 각오하고 조선인들에게 방역과 격리 치료법을 불철주야 가르치며 그들을 깨우쳤습니다. 이런 몸부림으로 전주 예수병원, 광주 기독병원이 세워졌고, 질병과의 전쟁을 계속해 나갈 수 있었습니다.

당시에는 한센병 환자가 마을에 나타나면 돌을 던지곤 했습니다. 한센병 환자가 어린아이의 간을 빼먹는다는 괴담이 퍼져 있었으므로 모든 사람이 그들을 멀리했던 것입니다. 그런데 여수 지역의 선교사들이 배가 고파서 길바닥에 쓰러져 있는 한센병 환자들을 품에 안고 집에 데려가 치료하며 돌보기 시작했습니다. 선교사들이 한센병 환자들을 돌본다고 하니까 환자들이 더욱 모여들었습니다. 급기야 한센병 환자만을 치료하는 병원이 탄생하였으니 이름하여 '애양원'입니다.

선교사들은 우리 민족의 미신적인 사고방식을 깨뜨리고,

과학적이며 합리적인, 민주적이고 복음적인 의식을 심어 주기 위해 신흥중·고등학교, 기전여자중·고등학교, 광주 숭실중·고등학교, 수피아여자중·고등학교 등을 세우기도 했습니다.

이처럼 초기 선교사들은 하나같이 우리 민족의 복음 전도를 위해 몸 바쳐 헌신했습니다. 쓰레기와 시신을 내다 버리던 버려진 땅에 복음이 심기면 똥산이 천국 동산으로 바뀝니다. 복음이 이 땅에 전해진 그날부터 지구촌 모퉁이에 버려져 있던 우리 민족은 하나님의 백성이 되었습니다. 이것이 바로 복음이 가진 힘입니다.

위기를 기회로 바꾸시는 하나님

———

1919년 3·1운동이 전국적으로 번져 나가자 조선인들에게 본때를 보여 줄 필요가 있다고 느낀 일제는 아리타 중위를 선봉으로 세워 경기도 수원군(지금의 화성시) 향남면 제암리를 찾아갑니다. 마을을 두루 다니면서 "15세 이상 제암리

교인들은 교회로 모이세요. 발안리에서 몽둥이를 휘둘러 잔인하게 진압한 것에 대해 사과할 마음이 있습니다"라고 말했습니다. 그렇게 해서 제암리 교회에 20여 명이 모이자 일본군은 밖에서 문을 걸어 잠가 못질하고는 짚 더미로 둘러싸고 석유를 부은 뒤 불을 질렀습니다.

불이 꺼진 후에 시신을 수습해 보니 불길을 피해 뛰쳐나가려고 몸부림친 사람이 없지는 않았지만, 대부분은 예배당 가운데 옹기종기 모여 서로 손을 잡고 있었습니다. 틀림없이 서로 격려하며 함께 기도했을 것입니다. 그러다가 모두 불에 타 죽었다는 것을 누구나 알 수 있었습니다.

남편이 교회에 갔다는 사실을 안 새댁이 "이놈들아! 내 남편을 살려 내라!" 하고 외치며 뛰쳐나옵니다. 일본군은 새댁의 머리채를 붙잡아 번쩍 치켜들고는 칼로 목을 내려쳤습니다. 목과 몸뚱이가 분리되어 펄떡펄떡 뛰며 피를 뿜어 대자 그들도 두려웠던지 짚 더미로 여인을 덮어 불 질러 버렸습니다. 그러고는 그들에게 달려드는 또 다른 아낙네들을 무참히 죽여 버렸습니다. 그들은 제암리 교인 23명을 모두 잔인하게 학살했고, 내려오는 길에 마을 주민 6명을 추가로 죽였습니다. 그들은 천도교 교인이었던 것 같습니다.

이때까지만 해도 서구에서 온 선교사들은 일본도 선교의 대상이었던 데다가 정교분리의 원칙에 따라 조선의 국내 정치 상황에는 관여하지 않았습니다. 그러나 제암리에서 벌어진 잔인한 학살을 목격하고는 더 이상 침묵할 수가 없었습니다.

제일 먼저 언더우드 선교사가 미국 영사관 직원들을 데리고 제암리를 찾았습니다. 그리고 다른 선교사들도 제암리를 방문하여 그들 나라의 영사관과 대사관은 물론 본국에도 소식을 타전하고 언론에 알리기 시작했습니다. 일제의 잔악무도한 통치는 이제 명분을 잃게 되었고, 한국 교회와 우리 민족 안에서는 독립을 향한 꿈이 자라게 되었습니다. 이때부터 기독교는 단순히 외래 종교가 아니게 되었습니다. 교회가 우리 민족의 친구이자 치료자의 역할을 감당하게 된 것입니다.

제암리 교인들은 무참히 학살되었지만, 한 알의 밀이 땅에 떨어져 썩음으로써 열매를 맺듯이 이는 선교사들이 침묵을 깨고, 교회가 백성들에게 다가가 백성들의 벗이요 치료자로서 거듭나는 기회가 되었습니다. 이것이 결국 우리 민족에게 광복을 가져다주었고, 대한민국 임시정부에 기독교가 가장 중요한 역할을 하는 계기가 되었던 것입니다.

한국 교회가 나아갈 길

지난 5천 년 역사 가운데 가장 암울했던 일제 강점기에 선교사들이 이 땅에 옴으로써 국권을 잃고 절망에 빠졌던 이 나라가 희망의 나라로, 길거리에서 죽은 거지들의 시신을 갖다 버리던 똥산이 청라언덕으로, 버려진 신세였던 민족이 하나님의 백성으로 거듭났습니다.

문득 '만일 그들이 우리에게 오지 않았더라면, 우리 민족은 지구촌에서 어떻게 되었을까?' 하는 의문이 듭니다. 하나님의 은혜와 하나님 사랑의 역사가 없었더라면, 선교사들의 헌신과 섬김, 희생과 고통이 없었더라면 우리 백성은 어찌 되었을까요?

우리나라 초기 기독교인들은 사회적 약자가 눈에 띌 때

마다 하나님의 사명으로 알고 섬겼습니다. 그들은 말씀을 전하다가 죽는 것을 두려워하지 않았습니다. 내가 복 받기 위해서 예수를 믿는 사람들이 아니었습니다. 선교사나 교인이나 모두 마치 죽기 위해서 예수를 믿는 사람들처럼 죽음을 두려워하지 않았습니다. 이것이 기독교입니다. 이것이 예수 믿는 것입니다. 이것이 목회하는 이유입니다.

오늘날 교회를 향한 사회의 요구는 간단합니다.

"한국 교회여, 약자들 편에 서라. 정의 편에 서라. 진리 편에 서라. 제발 우리에게 빛이 되어 다오. 제발 위기 시대에 희망이 되어 다오."

한국 교회가 나아갈 길은 이것뿐이며, 이 길로 가면 다시 살아나게 될 것입니다. 우리가 초심으로 돌아가 본질로 돌아가면, 오늘 복음을 전하고 내일 죽을 사람처럼 복음을 전했던 초기 선교사들의 불같은 열정이 우리 가운데 임하면, 위기에 부딪힌 한국 교회가 다시 일어나 새로워질 수 있습니다.

우리 민족 가운데 근대 문화가 어떻게 오게 되었습니까? 선교사들의 피를 타고, 십자가의 물줄기를 타고 이 땅에 왔습니다. 한국 교회는 어떻게 해야 다시 새로워질 수 있습니까? 우리의 눈물과 헌신과 희생으로 복음의 진실함과 살아 있는 복음의 능력 위에, 말씀 위에 다시 설 때, 새로워질 줄로 믿습니다. 그때 비로소 위기는 희망의 기회로 바뀌고, 찬란한 미래를 향한 길을 만드는 역사로 이어질 줄 믿습니다.

6/

복의 근원을
기억하기

2022년 5월 22일 한미 수교 140주년 한국기독교기념사업회의 주최로 서울 새문안교회에서 드려진 '한미 수교 140주년 기념 감사예배'에서 선포된 설교 말씀("너는 복이 될지라")이다.

내가 너로 큰 민족을 이루고 네게 복을 주어

네 이름을 창대하게 하리니

너는 복이 될지라 너를 축복하는 자에게는 내가 복을 내리고

너를 저주하는 자에게는 내가 저주하리니

땅의 모든 족속이 너로 말미암아 복을 얻을 것이라 하신지라(창 12:2-3).

"하느님이 보우하사 우리나라 만세!"

우리나라 애국가 1절 가사입니다. 다른 나라 국가(國歌)들을 잘은 모르지만, 이런 구절로 시작하는 국가가 얼마나 되겠습니까? 하나님이 우리 민족을 부르시고, 오늘날과 같은 교회 부흥을 주신 은총을 돌아보면, 하나님의 역사는 참으로 신묘막측합니다. 인간의 제한된 시각으로는 도무지 해석이 불가합니다. 무조건적 선택이요 무조건적 은총이라고 고백할 수밖에 없습니다.

일방적인 선택과 은총

하나님은 아브라함이 의롭거나 잘난 구석이 있어서 그를 믿음의 조상으로, 복의 근원으로 부르신 것이 아닙니다. 어떤 조건이나 자격이 있어서가 아니라 오로지 주님의 일방적인 선택과 일방적인 은총이었을 뿐이었던 것처럼 우리 민족에게 주신 은혜가 그러했습니다.

故 함석헌 선생의 《뜻으로 본 한국 역사》의 서문에 이런 글귀가 있습니다.

"쓰다 말고 붓을 놓고 눈물을 닦지 않으면 안 되는 역사, 눈물을 닦으면서도 쓰지 않으면 안 되는 역사, 셰익스피어를 못 읽고 괴테를 몰라도 이 역사는 알아야 한다. 그래, 수천 년을 두고 매 맞고 짓밟히고 조롱받고 속임 당하는 이 백성을 생각하면, 눈물 없이 넘어갈 수가 없다."

5천 년 역사 가운데서도 가장 암울하고 어려운 시간을 우리는 19세기에 보내고 있었습니다. 독사의 입으로 빨려 들어가는 한 마리 개구리처럼 비명 한번 지르지 못한 채 강대국의 입으로 빨려 들어가고 있었습니다. 세상 어디에도 호소할 곳, 절규할 곳이 없던 그때 하나님의 신비한 역사가 시작되고 있었습니다.

하나님은 국가 간의 역사와 인간의 이기심마저도 사용하시어 헤아릴 수 없이 신비로운 복음의 역사를 행하셨습니다. 기독교 역사학자 백낙준 박사는 이렇게 말합니다.

"하나님께서는 훗날 이 백성을 당신의 백성으로 삼으셔서 마지막 때에 세계 열방을 구원하는 복음의 지팡이로 쓰시기 위함이었습니다."

대한민국 공문서 1호에 담긴 은혜

1882년 5월 22일 우리나라가 최초로 미국이라는 서양 국
가와 조미 수호 통상 조약이 체결된 이후 고종 황제는 근
대화를 위해 병원과 학교를 허용하면서 선교의 문이 열렸
습니다. 그래서 초기엔 선교사들이 의사나 교사의 신분으
로 이 땅을 찾아왔습니다. 병원을 세우고 학교를 세워 복음
의 문을 열기 시작했습니다. 조금씩 신뢰를 쌓아 가던 선교
사들이 마침내 복음 전도자로서 활동을 시작하게 되자 복
음을 받아들인 우리는 일제로부터의 자주독립을 향한 열
망을 싹틔우며 자유 민주 국가, 시장 경제, 선진 과학 등에
눈을 뜨기 시작했습니다.

사실, 미국 정부는 조선과 조약을 맺은 이후에 한반도
를 둘러싸고 시시각각 변하는 국제 정치의 수렁에서 발
을 빼고자 했습니다. 가쓰라-태프트 밀약(The Katsura-Taft

Agreement)이 없었더라도 일제 강점 과정에서 조선을 버리려고 했습니다. 이 밀약은 1905년 7월 미국과 일본이 필리핀과 대한제국에 대한 서로의 지배를 인정한 협약으로 일본이 제국주의 열강들의 승인 아래 한반도의 식민화를 노골적으로 추진하는 직접적인 계기가 되어, 이로써 일본의 대한제국 병합이 일사천리로 진행되었습니다.

그러나 선교사들은 조선 선교에 목숨을 걸었습니다. 온몸을 던져 복음을 전하고, 한민족과 운명을 같이 하고자 했습니다. 그들의 판단은 옳았습니다. 현재 세계에서 선교사를 가장 많이 보내는 두 나라가 있다면, 바로 미국과 한국일 것입니다. 미국과 한국은 주님의 지상명령 동반자가 되었습니다.

대한민국 제헌국회 임시 의장을 맡은 이승만 박사가 첫 개원을 선포하며 이렇게 말했습니다.

"대한민국 독립 민주 국회가 열리게 된 일을 하나님께 감사해야 합니다. 이는 사람의 힘으로 된 일이 아닙니다. 하나님께 감사드리지 않을 수가 없습니다. 이윤영 의원, 나오셔서 기도 올려 주세요."

감리교 목사 출신의 이윤영 의원이 기도합니다.

"…하나님은 오랜 시일 동안 이 민족의 고통과 호소를 들으시사 정의의 칼을 빼 일제의 폭력을 굽히셨습니다. 하나님은 이제 세계만방의 양심을 움직이시고 또한 우리 민족의 염원을 들으셨습니다. 이 기쁜 역사적 환희의 날을 이 시간 우리에게 오게 하심은 하나님의 섭리가 세계만방에 밝히 드러난 것으로 믿나이다."

대한민국 공문서 제1호 국회 속기록에 기도문이 담겼습니다. 이것이야말로 하나님의 역사가 아니고 무엇이겠습니까?

선교사들의 무덤에서 꽃핀 복음

———

아무리 봐도 지난 140년간 하나님이 한반도에서 일으키신 역사는 신묘막측하기만 합니다. 서로 이기적 목적으로 체결한 조미 수호 통상 조약이 이토록 큰 은혜의 문이 될 줄이야! 하나님의 역사로 말미암은 신비일 뿐입니다. 과연 세계사적 기적이었습니다.

저는 한교총 대표회장에 취임할 때, 합정동에 있는 양화진외국인선교사묘원을 방문하는 것으로 취임식을 대신했습니다. 한국인보다 한국을 더 사랑하여 한국의 독립운동을 돕다가 추방된 호머 헐버트(Homer B. Hulbert) 선교사의 묘비 앞에서 눈시울을 붉히고 말았습니다.

"나는 웨스트민스터 사원보다 한국 땅에 묻히기를 원하노라."

처녀의 몸으로 이 땅을 찾아와 25세 꽃 같은 나이에 죽어 간 루비 켄드릭(Ruby Kendrick) 선교사의 묘비에는 이렇게 쓰여 있었습니다.

"나에게 천 개의 생명이 주어진다 해도 그 모두를 조선을 위해 바치리라."

언더우드 가족의 묘역을 지나면, 풍토병으로 돌 하나에 이름을 남기고 하나님 곁으로 돌아간 아기들의 묘가 모여 있습니다. 그 어린 영혼들을 마주하면 차마 눈을 떼지 못합니다. 그곳에서 한국 교회의 뿌리를 찾고, 복음의 영성을 회복하는 일로 대표회장으로서 첫 업무를 시작했습니다.

흔히 하는 말로 모든 애국자가 다 그리스도인은 아닙니

다. 그러나 모든 그리스도인은 다 애국자입니다. 기독교 초기부터 특별히 일제 강점기에 그리스도인이 된다는 것은 곧 애국자가 됨을 의미했습니다.

선교사들의 헌신 덕분에 한국 교회는 조국 독립의 꿈을 꾸고, 당시 전 국민의 1.2%에 지나지 않는 단 20만 명의 성도들로 3·1운동을 주도하게 됩니다. 이전까지 우리나라는 5천 년 동안 임금이 주인노릇하는 군주 국가였습니다. 그러나 3·1운동과 뒤이은 임시정부 설립으로 말미암아 우리나라는 비로소 민주 공화국이 됩니다. 미국 독립선언서의 한 글귀가 3·1운동 때 조선의 독립을 세계만방에 알리기 위해 작성된 3·1독립선언서의 첫 문장이 됩니다.

"오등(吾等)은 자(玆)에 아(我) 조선의 독립국임과 조선인의 자주민임을 선언하노라."

이 선언서의 '독립국'과 '자주민'에 근거하여 임시정부는 국호를 '대한민국'으로 정했습니다.

교회를 넘어 선지자적 사명으로

우리 속담에 "고래 싸움에 새우 등 터진다"는 말이 있습니다. 우리 민족이 너무나 오랫동안 겪어 와야 했던 약소 민족의 서러움이 표현된 말입니다.

영국 킹스칼리지 런던(KCL)의 라몬 파체코 파르도(Ramon Pacheco Pardo) 교수가 쓴 《새우에서 고래로》(Shrimp to Whale: Korea from the Forgotten War to K-Pop)라는 책이 있습니다. 저자는 이 책에서 "한국은 더 이상 고래 싸움에 등이나 터지는 새우가 아니다. 싸움의 승패를 가르는 국제 관계에서 제3의 고래가 되었다"라고 역설했습니다.

우리는 이제 한 마리 고래로서 국제사회에서 정치·외교, 경제·문화 등 모든 분야, 특히 선교적 차원에서 그 사명을 다해야 합니다. 하나님의 은혜로 새우에서 고래가 되는 복을 받았으니 자강불식(自強不息)해야 합니다. 즉 스스로 힘써 몸과 마음을 단련하는 일을 한순간도 쉴 수 없습니다. 누가 뭐라 해도 한국 교회는 만국을 위한 복의 근원이 되었으며 이로써 한국은 파르도 교수의 말처럼 국제 관계에서 힘을 겨루는 제3의 고래가 되었기 때문입니다.

이제 한국 기독교는 교회만을 위해 존재하는 공동체가 아닙니다. 복의 근원이 되어 온 나라에 산적한 문제들을 품고 사명을 다해야 합니다. 전방위적인 갈등과 기후 위기와 저출생 및 고령화의 문제, 무너지는 다음 세대, 포괄적 차별금지 문화로 인한 학교 교육 및 가정의 위기, 남북통일 등등 우리가 품어야 할 문제가 산적해 있습니다.

게다가 한반도에는 하나님의 은혜로 해결되어야 할 역사적 과제들이 아직 많이 남아 있습니다. 우리나라는 세계 유일의 분단국가로 남아 있습니다. 일제 강점 과정과 해방 후 분단 과정에서 주변 강대국들 가운데 한반도에 관한 역사적 책임으로부터 자유로울 나라가 어디 있겠습니까? 그런데도 한반도 주변 국가들은 여전히 우리 민족의 통일을 바라거나 도우려고 하지 않습니다. 우리는 이 시대의 모든 문제를 품고 선지자적 사명을 다해야 합니다.

복음을 받아들임으로써 복의 근원이 된 우리나라는 정치적으로 자유 민주 국가, 경제적으로는 선진 경제 번영을 이루었습니다. 이제 우리는 그 열매들을 세계에 나누어 "너는 복이 될지라"(창 12:2)라고 하신 하나님의 명령을 감당해야 합니다. 이것이 우리에게 번영을 허락하신 하나님의 선한 목적이며 기독교가 단기간에 우리 사회의 제일 종교로 부상한 이유입니다. 그러므로 하나님이 맡기신 교회의 선지자적 사명을 잊어서는 안될 것입니다.

어떻게 하면 교회가
새로워질 수 있을까요?

성경이 말하는 교회 외에 다른 길을 찾아가는 것이 아니라
"성경"으로 돌아가는 것이 곧 교회를 새롭게 하는 것입니다.
또한 주님의 심장 속에 있는 교회로 돌아가는 것이야말로
교회가 새로워지는 길입니다.

하나님은 이스라엘 백성이 위기에 부딪힐 때면 언제나
"돌아오라"라고 말씀하셨습니다.
우리에게 닥쳐오는 위기가 크면 클수록,
그것은 본질로 돌아가라는 하나님의 음성입니다.

우리가 맞닥뜨리는 모든 문제 상황은

다시 하나님께로,
다시 성경으로,
다시 본질로

돌아오라는 하나님의 음성인 것입니다.

우리가 믿는 이 복음은 우리 민족이 큰 위기에 처했을 때
희망의 복된 소리로 전해졌습니다. 일제 강점기 때는
예수님이야말로 우리의 희망이라는 메시지가 전해졌고,
6·25 전쟁 이후에는 가난하고 배고픈 백성들을
교회가 힘껏 도우며 희망을 북돋워 주었습니다.

한마디로 교회는
조국의 등불이었습니다.

그러므로 위기로 흔들리는 사회에
교회가 다시금 희망을 선포해야 합니다.

복음의 공공성이 회복되면,
세상은 우리 때문에 복을 받고
불 꺼진 세상은 복음으로
빛나게 될 것입니다.

-2021년 9월 28일 대한예수교총회 총회장 취임 후
<한국기독공보>와의 인터뷰에서

7/

은혜,
그 이후 _____

2022년 11월 15일 국민의힘 기독인회가 주최한 '추수감사절 기념 조찬 기도
회'에 강사로 초청되어 누가복음 17장 17-19절을 본문으로 말씀("은혜, 그 이후
의 은혜")을 선포하였다.

예수께서 대답하여 이르시되
열 사람이 다 깨끗함을 받지 아니하였느냐 그 아홉은 어디 있느냐
이 이방인 외에는 하나님께 영광을 돌리러 돌아온 자가 없느냐
하시고 그에게 이르시되 일어나 가라
네 믿음이 너를 구원하였느니라 하시더라(눅 17:17-19).

16세기에 성 베드로 이후 '로마의 두 번째 사도'로 불리던 이탈리아인 사제 필립 네리(Philip Neri)가 법과 대학 교정에서 한 학생과 대화를 나누고 있었습니다.

"학생은 왜 이 학교에 왔습니까?"

"사법고시에 합격할 것입니다."

"그다음은?"

"저는 유명한 변호사가 될 것입니다."

"그다음은?"

"명성을 떨치고, 돈을 벌어서 제가 사랑하는 여인과 결혼할 것입니다."

"그다음은?"

"행복한 가정을 이루고, 이 세상을 살아가게 되겠지요."

"그다음은? 또 그다음은?"

질문이 몇 차례 반복되자 학생의 말문이 막혀 버리고 말았습니다. 이번에는 거꾸로 그 학생이 네리에게 질문합니다.

"저는 그다음에 어떻게 해야 합니까?"

여기서 나눈 대화로 말미암아 훗날 그 학생은 네리 못지 않은 성자가 되어서 세상을 섬겼다고 합니다.

위기와 재난 속 생각해야 할 질문

우리는 어쩌다가 재난이 일어나는 시대가 아닌 재난이 상존하는 시대에 살고 있습니다. 자연재해, 전쟁의 위협 등이 계속해서 간격을 좁혀 가며 더 큰 위협으로 다가오고 있습니다. 우리가 유비무환의 정신으로 준비해도 재난은 그보다 더 빠른 속도로 우리를 덮쳐 올 것입니다. 기는 놈 위에 나는 놈이 있듯이 말입니다.

이 시대를 가리켜 흔히 3S 시대라고 말합니다. 3S는 스포츠(Sports), 스크린(Screen), 섹스(Sex)를 의미합니다. 우선, 전 세계 젊은이들이 경기장에서 열광하는 모습을 흔히 볼 수 있습니다. 이것은 단순한 스포츠가 아닙니다. 젊은 세대의 종교입니다. 그 물결이 우리에게도 곧 다가올 것입니다. 스포츠 현장에서의 충돌과 갈등으로 말미암아 언제든지 여느 참사를 능가하는 사건·사고가 일어날 수 있습니다. 둘째로, 3만-4만 명이 들어가는 공연장(스크린)의 티켓이 단 20초 만에 매진되는 세상입니다. 온라인에서 몇십만 명이 동시에 접속할 수 있는 시대이기 때문입니다. 기성세대는 상상도 못 할 일입니다. 셋째로, 섹스는 젊은이들을 끌어모으는 재밋거리입니다. 젊은이들은 흥미를 자극하는 문화가 있는 곳에 몰려들 것입니다. 이는 불을 보듯 뻔한 일입니다.

이러한 시대의 흐름을 예측하고 신속하게 대처해 나가야 되는데, 문제는 우리가 준비하는 사이에 재난이 날개를 달고 엄청난 속도로 몰려온다는 것입니다. 개인적으로나 국가적으로 위기가 닥쳐올 때, 우리 그리스도인들은 무엇을 해야 합니까? 하나님 앞에 묵상해야 합니다.

하나님의 마음을 묵상하는 것

———

묵상이 무엇입니까? 우크라이나에 전쟁이 일어났습니다.

그러면 하나님과 함께 마음속으로 그 전쟁터로 날아가는 겁니다. 젊은이들이 전쟁터로 끌려가고, 어린아이들이 고통당하는 모습을 보고, 그 마음을 헤아려 보십시오. 그 아픔을 나도 느끼면서 '나는 무엇을 해야 할까?' 고민하는 것이 묵상입니다.

어디에선가 산불이 났습니까? 그 현장에 내가 있다고 생각해 보십시오. 순식간에 집을 잃고 쩔쩔매는 현장, 학교 강당에 모여 잠을 자다가 코로나에 걸리고 아파하는 그 현장에 나와 내 가족이 있다고 상상해 보십시오. 그리고 그 아픔을 느껴 보십시오. 이것이 묵상입니다. 이렇게 묵상했는데도 눈물이 나지 않는다면, 그것은 기적입니다. 그런 기적은 없습니다. 묵상하면 가슴이 아려 오고 눈물이 나는 법입니다.

이것을 연민이라 합니다. 영어로는 컴패션(compassion)입니다. 라틴어 어원의 컴(com)은 함께(with)라는 뜻입니다. 패션(passion)은 라틴어 파티(pati)에서 유래했습니다. 고통받다(to suffer)라는 뜻입니다. 영화 〈패션 오브 크라이스트〉(The Passion of Christ)가 예수 그리스도의 고통에 관한 것이지 않습니까? 예수 그리스도의 고통, 하나님의 가슴앓이, 자기 백성을 사랑하시는 하나님의 마음, 고난 당할 때 혼자 내버려 두지 않으시는 하나님의 동행, 자녀가 울 때 통곡하시는 하나님 아버지의 마음…. 이것들이 곧 컴패션입니다. 컴패션을 품은 그리스도인이 묵상을 해도 눈물이 안 난다면, 그게 이상하지 않습니까? 묵상을 안 했다는 뜻이지요. 그리스도인은 매사에 묵상해야 합니다.

중요한 것은 그 이후다

————

좋은 일이 있건 어려운 일이 있건 그리스도인에게 중요한 것은 그 일이 일어난 이후입니다. 이런 일들을 기회로 맞이할 것인지 아니면 엄청난 위기로 맞이할 것인지가 달려 있기 때문입니다. 책임부서에 있는 누군가가 책임감을 느끼는 것이 참 중요합니다. 이것은 간단한 일이 아닙니다. 책임이라고 하면, 우리는 법적인 책임을 떠올립니다. 법적인 책임을 누가 질 수 있겠습니까? 아무나 질 수 없을 것입니다. 그러나 정치적인 책임은 누군가가 반드시 져야 합니다.

그 자리에 합당한 사람이 책임을 지면, 그것이 곧 그가 모시는 임명권자와 그가 몸담고 있는 공동체를 보호하는 것이 됩니다. 또 그가 리더십을 발휘하며 섬기는 아랫사람들을 보호하는 일이 됩니다.

위정자를 비롯해 어떤 리더십이든 한국 사회와 교회를 섬긴다고 하면, 어떤 상황에서든 책임을 지기 위해 그 자리에 있는 것입니다. 당당하게 장렬히 순교하기 위해 그 자리에 있는 것입니다. 만일 한국 교회가 위기를 맞고, 한국 사회가 전쟁에 휘말리기라도 한다면, 아마 제일 먼저 복음을 들고 앞으로 달려가 순교해야 할 사람들이 리더십일 것입니다.

이것이 사고 그 이후에 갖추어야 할 신앙의 자세요 태도입니다. 스스로 낮아져 십자가에서 죽음으로써 공동체를 살리고, 우리 사회를 섬긴다는 것입니다. 자기 혼자 살려고 세상을 점점 더 어렵게 만드는 것은 위정자나 리더십이 취할 태도는 아닙니다.

한번은 국회 조찬 기도회에서 선당후사(先黨後私)보다 앞선 것은 선국후당(先國後黨)의 정신이라고 말한 적이 있습니다. 위정자 중에 가장 나쁜 부류는 엎어진 놈 꼭뒤 차고,

똥 누는 놈 주저앉히는 사람들입니다. 남의 상처를 더 후벼 파는 사람은 기름 부음의 리더십이 무엇인지를 모르는 사람인 겁니다.

대전환기에 더욱 간절한 은혜

누가복음 17장의 깨끗함을 받은 열 명의 나병 환자 이야기는 감사절 때마다 자주 등장하는 본문입니다. 그러나 시대에 따라 전달되는 메시지가 다릅니다. 당시 유대인은 이방인이나 사마리아인과는 아예 상종하지 않았습니다. 그런데 나병으로 인해 동병상련이 되어서 아홉 명의 유대인과 한 명의 사마리아인이 함께 거하게 된 것입니다.

열 명의 나병 환자가 예수님 덕분에 병에서 놓임을 받았습니다. 자유를 얻은 것입니다. 그때 이 공동체를 살린 것은 아홉 명의 유대인이 아닙니다. 한 명의 사마리아인만이 예수님께 돌아와 감사 인사를 했습니다.

협치하고 통합하면 무리의 깍두기 하나가 전체를 살릴

수 있다는 말입니다. 운동선수도 양손, 양발을 써야 하는 시대 아닙니까? 하물며 정치인은 어떠하겠습니까? 보수와 진보, 모두 필요합니다. 건강한 보수가 가치를 잃어버리면, 국가의 정체성이 흔들립니다. 정치색을 숨기는 샤이(shy) 보수와 달리 자유와 공동체의 가치를 당당하게 주창하는 댄디(dandy) 보수가 제자리를 잘 지켜야 합니다. 기존의 고루하고 극단적인 우편향의 기성 보수와 차별화를 시도하는 댄디 보수가 다행히도 젊은 층을 중심으로 늘어나고 있습니다. 보수뿐 아니라 합리적인 진보도 제 목소리를 내고, 함께 손을 붙잡아야 합니다. 양극단으로 치우치지 않으면서 중심을 잃지 않는 것이 협치이며 통합입니다.

우리가 한쪽으로 너무 치우쳐 기울어져 갈 때, 예수님이 "그 아홉은 어디 있느냐?" 하고 물으십니다. 이때 우리는 무엇을 해야 합니까? 신앙적으로 얘기하면, 본질로 돌아가야 합니다. 하나님께로 돌아가야 합니다. 그러면 겸손할 수 있습니다. 아침에도 겸손, 저녁에도 겸손할 수 있습니다. 왜 그렇습니까? 하나님이 주셨기 때문입니다. 하나님이 주셨으니 하나님께로 돌아가는 것입니다. 오늘도 주님은 그 아홉을 찾고 계십니다.

믿음의 선진들은 나라가 위기에 맞닥뜨리면 언제나 기도했습니다. 산꼭대기와 골방에서 나라를 위해 새벽 기도하며 철야 기도했습니다. "이것 주세요. 저것 주세요" 하며 칭얼거리는 기도는 하지 않았습니다. "부자 되게 해 주세요" 같은 기도는 하지도 않았습니다.

"하나님, 이 나라를 지켜 주십시오. 남북통일을 언제까지 미루시겠습니까? 이 나라로 하여금 당신의 나라가 되게 하옵소서."

눈물 흘리며 이렇게 기도했던 믿음의 선진들 덕분에 이 나라가 지금까지 지켜진 것입니다. 나라와 사회는 기도하는 백성이 지킵니다. 그러므로 이제 모두 기도하는 자리로, 복음의 본질로, 하나님께로 돌아가야 합니다.

은혜를 받은 '그 이후'에도 은혜를 잊어서는 안 됩니다. 자신이 그 자리에 있는 목적을 잊지 말아야 합니다. 깨끗함을 받은 후에, 힘을 얻은 그 이후에 어떤 일을 하느냐가 중요합니다.

자신이 받은 은혜를 잊으면, 역사의 죄인이 됩니다. 전무후무한 위기의 시대에, 문명사적 대전환기에 '은혜, 그 이후의 은혜'로 새 역사를 만들어 가는, 기적의 역사를 만들

어 가는 아름다운 그리스도인이 되시길 주의 이름으로 축
복합니다.

8/

뉴노멀,
그 이후

2022년 2월 10일 장로회신학대학교 제115회 졸업 감사예배에서 졸업생들
을 대상으로 한 설교 말씀("뉴노멀, 위기의 시대 희망을 보라")이다.

그러나 이스라엘 자손은 바다 가운데를 육지로 행하였고
물이 좌우에 벽이 되었더라 그날에 여호와께서 이같이 이스라엘을
애굽 사람의 손에서 구원하시매 이스라엘이 바닷가에서
애굽 사람들이 죽어 있는 것을 보았더라 이스라엘이 여호와께서
애굽 사람들에게 행하신 그 큰 능력을 보았으므로
백성이 여호와를 경외하며 여호와와 그의 종 모세를 믿었더라(출 14:29-31).

에덴동산에서 쫓겨난 이후, 인간에게 이 땅은 내내 위기의 땅이었습니다. 원시인의 동굴에도 "요즘은 위기 시대다!"라는 말이 쓰여 있었답니다. 요즘 유치원 아이들은 "코로나처럼 나쁜 놈은 내 평생 처음 본다" 하고 한탄한답니다. 팬데믹 시대에 우리는 위기의 땅에서 함께 살았고, 이제 함께 엔데믹 시대를 맞았습니다. 위기(危機)란 위험(危險)과 기회(機會)가 합쳐진 말입니다. 인류 역사를 살펴보면, 팬데믹 이후에 공동체가 나아가는 방향이 전혀 달랐다는 것을 알 수 있습니다. 팬데믹 이후에 망하는 나라가 있는가 하면, 새로운 기회를 만들어 가는 나라도 있습니다. 교회도 마찬가지고, 기업도 마찬가지고, 어떤 공동체나 마찬가지입니다.

17세기는 페스트(Plague) 팬데믹 시대였습니다. 영국 사회와 런던 교회는 페스트 팬데믹 시대를 잘 관리하고, 세상을 이롭게 섬김으로써 산업혁명을 시작할 수 있었고, 이로써 팍스 브리태니카(Pax Britannica)를 이루어 세계 선교를 주도하는 기회를 잡은 바 있습니다. 팍스 브리태니카란 19세기 대영 제국이 세계 패권을 차지하며 위세를 떨친 황금기를 가리킵니다. 이때 영국은 세계 곳곳에 식민지를 건설하여 대영 제국을 이루었고, '해가 지지 않는 나라'로 일컬어졌습니다.

첫걸음이 있어야 길이 생긴다

20세기 초 일제 강점기에 우리 민족은 5천 년 역사 가운데 가장 불운한 시대를 살았는데, 공교롭게도 이 시기에 스페인 독감이 전 세계적으로 유행했습니다. 이 시기는 역사상 최단 기간에 최대 사망자를 낸 팬데믹으로 기록되었습니다. 백성들이 일제로부터 약 한 알 공급받지 못한 채 전염병에 쓰러져 죽어 가던 그때 병들어 신음하는 백성들을 앞장서서 돌본 것은 교회입니다. 이것은 한국 교회에 기회를 만들어 주었습니다.

하나님은 서구 사회로 흘러가던 거대한 선교의 물줄기, 영성의 물줄기를 돌려 이 불쌍한 작은 나라로 흘려보내시게 되었기 때문입니다. 스페인 독감 팬데믹은 1917-1918년에 있었는데, 그다음 해인 1919년에 우리나라에서 가장 작은 종교였던 기독교가 3·1운동을 주도하는 종교로 일어서게 된 것입니다.

새로운 기회를 찾아 새로운 세상에 첫걸음을 내딛는 이들에게 두 가지 예언을 해 줄 수 있습니다. 제가 예언을 잘하지 않지만 한번 하면 신통하게 맞히는 능력이 있다고 주변에서 농담처럼 말합니다. 첫 번째로, 100년 후에도 같은 자리에서 사역하는 사람은 아무도 없을 것입니다. 두 번째는, 앞으로 위기와 어려움에 부딪히는 사람도 있을 테고, 지금까지 경험하지도 상상하지도 못한 새로운 기회를 만드는 사람도 있을 것입니다.

제가 신학교에 다니던 때가 벌써 50여 년 전입니다. 그때는 참 가난했습니다. 끼니를 거르는 학생이 부지기수였고, 우리는 걸핏하면 "목사의 밥상에는 간장, 된장, 고추장, 이 세 가지는 항상 있을 것인데 그중의 제일은 고추장이라"와 같은 농담을 하곤 했습니다.

지금까지 예수를 믿고 살면서 만나 온 여러 사람 중에 예수님을 가장 닮았던 한 사람을 꼽으라면, 이상양 전도사를 꼽을 수 있습니다. 영적으로 가장 성자다운 품성을 지녔던 분이 아닌가 생각합니다.

그는 1974년 장로회신학대학교(이하 장신대) 기독교교육과를 졸업하고, 같은 해 신학대학원 71기로 입학했지만, 졸업은 하지 못했습니다. 돈이 생기기라도 하면, 당시 최빈층이 모여 살던 망원동 뚝방마을을 돌아다니며 가난한 사람들의 연탄 광을 뒤지거나 쌀독을 열어 보고 다녔기 때문입니다. 연탄이 떨어진 집에는 연탄을, 쌀이 떨어진 집에는 쌀을 사다가 채워 놓았습니다. 그러다 보니 등록금을 낼 수가 없었습니다. 그래서 신학교 후배들이 끼니를 거르며 기숙사 식권을 모아서 팔아 등록금을 마련해 주면, 또 똑같이 뚝방마을 사람들을 위해 썼습니다. 결국, 사역 현장에서 감염된 폐결핵으로 투병하다 1977년 35세의 나이로 별세했습니다. 2022년 제115회 장신대 학위 수여식에서 이상양 전도사가 신대원에 입학한 지 48년 만에 명예 졸업장을 받았습니다.

저는 장신대 신대원을 졸업하고, 전도사도 부목사도 한 번 안 해 보고 처음 부임한 교회가 바로 이상양 전도사가 개척하신 망원제일교회입니다. 그때까지 그곳에는 성자 이상양의 향기가 가득 남아 있었습니다. 저는 그 교회를 끝까지 지키지 못하고, 맨손 맨몸 맨땅으로 지금 섬기는 한소망교회를 개척하러 도망한 죄인이라면 죄인입니다. 그런데 감사하게도 이상양 전도사의 때늦은 학위 수여식의 설교를 맡았습니다. 너무나 감격스러워 눈물을 닦으며 설교 준비를 했던 기억이 납니다.

우리 믿음의 선진들은 이처럼 극한 가난의 위기를 극복하고, 믿음의 길을 다졌습니다. 그동안 우리는 선배들이 닦아 놓은 꽃길을 걸어왔던 셈입니다. 그러나 이제는 모두 사라졌습니다. 우리가 건너던 다리도 다 끊어졌습니다. 배고픔의 위기와는 비교가 되지 않는 큰 위기가 우리 앞에 있습니다. 우리는 미증유의 위기 시대에 새로운 길을 가야 합니다.

원래 길이라는 것은 처음부터 그 자리에 있었던 게 아닙니다. 누군가 첫걸음을 내딛고 그 길이 옳은 길이라고 판단되면, 다른 사람들이 뒤이어 그 길을 걷고 또 걷다 보면 어느새 길이 만들어지는 것입니다.

홍해 앞의 인도자 모세처럼

지금은 탈종교화 시대, 탈교회화 시대입니다. 이 위기 속에 한국 교회를 다음 세대에 물려줘야 하니 마음이 무겁습니다. 뉴노멀(New Normal) 시대에는 목회도 새로운 길을 열어야 합니다.

저는 대한예수교장로회총회 총회장과 각 교단의 총회장들이 모여 있는 한교총 대표회장으로 취임하기 전에, 한국 교회에 관한 하나님의 말씀을 귀가 아닌 심장으로 들었습니다. 하나님은 "한국 교회가 변하지 않으면, 달라지지 않으면, 새로운 길을 만들지 않으면 안 된다. 네가 그 길을 만들어라"라고 말씀하셨습니다. 저는 하나님의 말씀 앞에 무릎을 꿇고 통곡했습니다.

그래서 몸뚱이가 두 개, 세 개로 쪼개어져도 모자랄 만큼 새벽부터 늦은 밤까지 온 세상을 뛰어다녔습니다. 쓰러진 곳을 일으키고, 찢기고 상처 난 곳을 치유하며, 아파서 신음하는 사람들의 목소리에 귀를 기울였습니다. 그렇게 하루를 보내고 나서 무릎을 꿇고 기도하면, 또 다음 일정이 머릿속에 떠오르니 눈물을 닦고서야 잠자리에 들곤 했습니다.

애굽에서 종살이하던 이스라엘 백성들이 당대 세계를 지배하던 바로 왕을 무찌르고, 모세를 좇아 출애굽 합니다.

"모세를 따라 애굽을 떠나세! 나가세, 나가세."

이스라엘 백성들은 노래 부르며 양 떼를 몰고 당당하게 애굽을 떠났습니다. 얼마나 흡족했을까요? 얼마나 자신들이 근사해 보였을까요? 어디로 가야 하나 하는 걱정도 할 필요가 없었습니다. 구름 기둥과 불기둥이 그들 앞에서 갈 길을 인도해 주었기 때문입니다. 처음 얼마간은 마냥 좋기만 했을 것입니다.

그런데 약속의 땅 가나안을 향해 나아갈 때, 구름 기둥과 불기둥이 지름길로만 인도해 줄 줄 알았는데, 어느새 홍해 길로 인도합니다. 아마 백성들이 소리 질렀을 겁니다.

"저 구름 기둥이 미쳤나 봐! 길을 잃어버렸나? 우리를 전부 홍해로 집어 던지려는 건가?"

그러고 나니까 앞에 가던 구름 기둥이 사라지고 말았습니다. 애굽 군대가 뒤에서 쫓아온다는데, 좌우를 둘러봐도 도망갈 길은 없고 앞에는 홍해가 넘실대고 있습니다.

"구름 기둥이 토라졌나? 삐쳤나 봐."

백성들이 걱정하며 불평하고 원망했을 것입니다.

희망은 하나님으로부터 온다

———

그동안 우리가 얼마나 많이 들어 온 이야기입니까? 얼마나 많이 설교한 본문입니까? 우리는 이미 잘 알고 있습니다. 눈앞에서 사라졌던 그 구름 기둥이 백성들 뒤로 돌아가서 추격해 오는 애굽 군대를 혼란에 빠뜨리고, 이스라엘 자손이 홍해 한가운데 마른 길로 잘 건넌 뒤에야 뒤쫓아오던 애굽 군대를 몽땅 홍해에 수장시킬 것을 압니다. 이 모두가 하나님의 계획임을 잘 압니다. 그러나 그것을 알지 못하는 백성들은 걱정하고 염려하며 두려워했습니다. 비판하고 비난했습니다.

앞으로 뉴노멀이라는 위기 시대를 바라보며, 걱정이 생기고 염려가 생길 수 있습니다. 맞닥뜨리는 모든 위기를 남 탓으로 돌리고 비난하고 싶은 마음이 용솟음쳐 오르면, 속으로 '하나님이 나를 버리셨나?' 하고 생각하게 될 것입니다. 그러나 리더는 가만히 서서 "여호와께서 오늘 너희를 위하여 행하시는 구원을 보라"(출 14:13) 하고 외칠 것입니다. 이것이 바로 인도자 모세의 길입니다.

사람의 눈은 참으로 희한하게 생겼습니다. 앞을 보면 뒤가 안 보이고, 뒤를 보면 앞이 안 보입니다. 문제를 보고 있는 한, 위기를 보고 있는 한 희망은 안 보이는 겁니다. 하나님이 영안을 열어 주시면, 하나님이 보이고 말씀이 보이고 길이 보입니다. 그럼, 위기가 안 보이는 겁니다. 신비한 일입니다.

광야는 하나님을 바라보는 장소입니다. 영성가들이 하나님의 음성을 듣기 위하여 광야로 들어가지 않습니까? 위기시대는 하나님의 음성을 듣는 시간입니다. 하나님의 말씀을 보는 시간입니다. 아무도 보지 못했던 희망의 길을 발견하는 시간인 것입니다.

지난 50년의 신앙 인생길을 돌이켜보면, 위기가 아니었던 때는 한순간도 없었습니다. 그러나 그 순간 언제나 하나님의 위로와 따뜻한 동행이 있었습니다. 하나님의 은혜가 한 번도 내 곁을 떠난 적이 없습니다.

7m의 파도가 아니라 70m의 파도가 치듯 목회의 무동력

요트가 뒤집혀서 건강을 잃고, 교회를 건축하다가 쓰러져서 '이게 내 인생의 마지막이구나! 어렵사리 세운 교회가 위기를 만나다니⋯. 이쯤에서 깨끗이 포기하고, 배추 장사라도 해야겠다' 하고 생각한 적도 있습니다. 부족한 종도 7m 파도에 요트가 뒤집히는 경험을 수도 없이 했습니다.

붙들고 씨름하며 만들어 가라

그러나 때로는 성공을 거두기도 합니다. 칭찬의 박수 소리를 듣기도 합니다. 모든 일이 형통하게 잘 풀립니다. 돌이켜보면, 오히려 그때가 얼마나 무서운 위기였는지 모릅니다. 나 자신을 드러내고, '내가 얼마나 열심히 노력하고 목회했으면, 이런 열매가 나타났나?' 하고 생각하며 자고(自高)할 때, 무서운 유혹과 영적인 위기가 내 인생을 삼킬 듯이 덮쳐 왔던 것을 기억합니다. 그때는 다름 아닌 조용한 때, 곧 모든 일이 형통할 때였습니다.

힘든 일이 너무 많을 때는 사람에게서 위로를 구하기도

했습니다. 친구들의 얼굴이 떠오르고, 앞서 성공했던 선배 목회자의 얼굴이 떠올라서 창피를 무릅쓰고 화끈거리는 얼굴로 찾아가서 도움을 요청했습니다. 수도 없이 노크해 봤지만, 그때마다 무서운 실망감과 좌절감을 느끼고, 아픔만 경험한 채 돌아섰습니다.

앞으로 어떤 위기를 만난다고 할지라도 사람을 의지하지 마십시오. 거기에는 길이 없습니다. 그 대신 하나님 앞에 무릎을 꿇으십시오. 야곱처럼 하나님의 허리춤을 붙들고 씨름하십시오. 문이 다 닫히고 나면, 더 많은 문이 열리고, 길이 다 끊어지고 나면 더 아름다운 길이 열릴 것입니다.

모든 사람이 절망하고 좌절할 때도 우리는 희망을 보아야 합니다. 모든 사람이 인생의 끝을 예언하고, 역사의 종점을 예견할 때도 우리는 희망을 말해야 합니다. 복음 안에, 예수 안에 희망이 있습니다. 신학이 아무리 위대해도 성경보다 위대한 신학은 없는 것입니다. 예수님보다 더 위대한 신학자는 없습니다.

밤이 지나고 나면, 아침이 밝아 옵니다. 위기 시대에 우리가 보아야 할 것은 희망입니다. 뉴노멀 시대의 목회는 복음의 새로운 길을 제시하고, 온 세상에 희망을 선포하는 것으로 시작되어야 합니다. 그 길을 스스로 만들어 가십시오.

9/
오늘의 위기, 그다음 _____

2022년 6월 21일 예장통합교단 총회 산하 7개 신학대학원 통합수련회가 경기도 광주시 소망수양관에서 열렸다. 코로나19로 인해서 3년 만에 열리는 대면 수련회 둘째 날 총회 특강 시간에 선포한 설교 말씀("오늘도 우리는 복음을 부끄러워하지 않는다")이다.

내가 복음을 부끄러워하지 아니하노니
이 복음은 모든 믿는 자에게 구원을 주시는 하나님의 능력이 됨이라
먼저는 유대인에게요 그리고 헬라인에게로다(롬 1:16).

인간이 할 수 있는 모든 가능성이 끝난 자리에서 하나님이 역사하시기 시작하는 것, 그것이 성경의 역사요 구원의 역사, 인류의 역사, 기독교의 역사입니다.

아브람과 사래가 할아버지와 할머니가 되어 아기를 낳을 수 없는 상황에서 하나님이 나타나십니다.

"내년 이맘때 아기를 갖게 될 것이다."

그때 하나님이 아브람에게 당신이 어떤 분인가를 가르쳐 주시는데, "전능한 하나님"(창 17:1), 곧 '엘 샤다이'(El Shaddai)라 소개하십니다. 인간이 할 수 있는 모든 것이 끝난 자리에서 하나님이 역사하시기 시작할 때, 그분이 바로 엘 샤다이입니다.

신약에서 처녀가 아기를 낳는 이야기도 참 재미있습니다. 구약의 선지자들은 메시아가 베들레헴에서 태어날 것이라고 예언했습니다. 그런데 동정녀 마리아의 몸에 잉태되신 예수님은 베들레헴이 아닌 나사렛에서 태중에 자라고 계십니다. 배 속의 아기는 열 달이 차면 태어납니다. 태어나려고 할 때, "얘야, 너는 지금 태어나면 안 돼. 내가 베들레헴에 갈 일이 있을 때 세상에 나와야 한단다"라고 말할 수는 없지 않습니까?

그런데 느닷없이 하나님과 별 상관이 없어 보이는 가이사 아구스도가 호적 명령을 내립니다(눅 2:1). 호적 명령이 참 묘합니다. 본적지에 가서 하라는 겁니다. 정혼자 요셉과 동정녀 마리아의 본적지가 베들레헴입니다. 호적을 등록하러 가야 하는데, 부부가 "우리 배부르기 전에 조금 빨리 갔다 오자"라고 하면 어떻게 될까요? 갔다가 돌아오는 길에 아기를 낳는 겁니다. 조금만 지체하여 갔다면, 가는 길에 아기를 낳았을 겁니다. 베들레헴에 도착했을 때, 아기가 태어나게 하려면 요셉의 보폭과 마리아가 탄 나귀의 속도와 쉬는 시간과 거리가 정확하게 들어맞아야 합니다. 그러지 않고서는 불가능한 일입니다. 그러니 하나님이 일하시는 방법이 신묘막측하지 않습니까?

해 질 무렵에도 하나님은 일하신다

열왕기하 6장에 "아람 왕 벤하닷이 그의 온 군대를 모아 올라와서 사마리아를"(왕하 6:24) 에워싼 장면이 나옵니다. 사마리아 사람들에게 굶어 죽든지 아니면 항복하고 나오든지 둘 중 하나를 선택하라는 겁니다. 정말로 성안의 양식이 떨어졌습니다. 나귀 대가리 하나가 비싼 값에 팔리고, 비둘기 똥까지 비싼 값에 거래되더니 급기야 여인들이 "네 아들을 내놓아라 우리가 오늘 먹고 내일은 내 아들을 먹자"(왕하 6:28) 하면서 아들을 삶아 먹는 처참한 광경이 펼쳐집니다.

이때 하나님이 어떻게 역사하시는가 보니, 당시 마을공동체에서는 살 수 없었던 나병 환자들을 통해서 역사하십니다. 그들은 성 밖에 쫓겨나서 살았는데, 구걸할 데가 없었습니다. 풀을 뜯어 먹고 먹다가 풀마저 다 떨어졌습니다. 그들은 "이래 죽으나 저래 죽으나 마찬가지다. 아람 군대에 가서 빵 한 조각이라도 얻어먹고 죽자!" 하고 결의했습니다.

그들은 "해 질 무렵에 일어나"(왕하 7:5) 아람 진으로 향했습니다. 해가 서산에 뉘엿뉘엿 넘어가고, 땅거미가 내려앉을 시간에 일어난 것입니다. 그런데 아람 군대의 귀에는 지축이 흔들릴 만큼 요란한 큰 군대 소리가 들려왔습니다. 그들이 뭐라 판단했겠습니까?

'이스라엘 왕이 강대국들에 사신을 보내서 원군을 요청했구나. 어서 도망가자!'

아람 군이 일어나 도망한 시간도 "해 질 무렵"(왕하 6:7)입니다. 하나님이 똑같은 시간에 한쪽에서는 나병 환자들을 움직이게 하시고, 또 다른 쪽에서는 아람 군대의 귀를 열어서 이상한 소리를 듣게 하신 것입니다. 동시에 일어난 이 일들로 엄청난 역사가 일어났습니다.

하나님은 가장 정확한 때에 당신의 사랑하는 백성을 위하여 가장 능력 있는 손을 펼치시는 분입니다. 성경은 "여호와의 손이 짧아 구원하지 못하심도 아니요"(사 59:1)라고 말합니다. 위기 시대에 하나님은 당신의 백성을 지키기 위해 가장 정확한 때에 가장 적절한 일을 행하십니다.

하나님의 사람들은 가장 암울하고 어두운 시대에 세상 사람들이 인터넷과 미디어를 통해 떠드는 소리와 전혀 다른 빛나는 소리를 들려줍니다. 가장 어두운 시대에 가장 빛나는 소리를 듣는 사람이 역사를 만들어 갑니다. 그 소리를 듣는 게 추상적으로 느껴지면 안 됩니다. 적어도 하나님의 사람이라면, 적어도 이 시대의 리더가 되었다면, 그 소리가 들려야 합니다.

닭은 왜 새벽마다 일어나서 노래할까요? 동녘 산 밑에서 빛 한줄기가 올라오면, 머릿속의 송과체가 빛을 감지하여 호르몬을 분비합니다. 그 바람에 닭이 잠을 깹니다. 결국, 새벽에 "꼬끼오 꼬꼬 꽥꽥!" 하며 노래하는 힘은 바로 이 송과체에서 나오는 것입니다.

하나님의 사람들은 하나님의 말씀을 읽다가 예언의 능력이 나타나면, 말씀의 빛을 송과체가 감지합니다. 성령에 민감한 덕분입니다. 그래서 모든 사람이 "망하게 됐다. 죽게 생겼다" 하고 호들갑을 떨어도 하나님의 사람은 희망을 노래할 수 있는 겁니다. 위기 시대에 희망을 노래하는 사람을 세상은 미친 사람처럼 볼 것입니다. 그런데 진짜로 희망이 보이는데, 어떡합니까? 들리는데 어떡합니까? 이 얼마나 신비한 일입니까?

가장 편하지 않은 날들의 연속

저는 6·25 전쟁 통에 음력으로 5월 29일, 양력으로 7월 7일에 태어났습니다. 제가 태어나고 스무날이 지난 1953년 7월 27일에 휴전 협정이 맺어지고, 전쟁이 끝났습니다. 내가 안 태어났으면, 세상은 어떡할 뻔했나 하고 생각하곤 합니다.

70년 가까이 살면서 어릴 때는 배가 고파도 먹을 게 없어 풀을 뜯어 먹거나 남의 밭의 고구마를 캐 먹곤 했는데, 열 살쯤 되니까 단군 이래 처음으로 세계 장사, 즉 무역이 시작되었습니다. 그 덕분에 1964년에는 1인당 국민총소득(GNI) 100달러 시대가 열렸습니다. 그 후 60여 년을 더 살았는데, 2021년 사상 처음으로 1인당 GNI가 3만 5,000달러를 돌파했습니다. 즉 350배나 성장한 것입니다.

70년 세월 동안 질풍노도의 시기를 거쳐 온갖 우여곡절을 겪으며 험한 태산준령을 넘어오지 않았습니까? 그런데 요즘처럼 큰 위기감을 느껴 본 적은 없습니다. 사회가 이처럼 급속하게 변화하는 것을 본 적이 없다는 뜻입니다.

1973년 제가 신학교에 들어간 때에 서울 여의도에서 빌리 그레이엄 전도 집회가 있었습니다. 그 넓은 여의도 광장에 사람들이 구름떼처럼 모여 있었습니다. 빌리 그레이엄 복음 전도라는 게 단순합니다. 제가 그 단순한 복음에 꽂힌 겁니다.

그다음에 엑스플로 74(세계기독교대회)가 열렸습니다. 1974년 8월 13일부터 18일까지 서울 여의도 광장에서 열렸는데, 사상 최대 규모의 대회였습니다. 그곳에서 사영리를 가지고 복음을 전하는 훈련을 한 것입니다. 여름 내내 거기서 훈련받고, 복음에 미쳐 살았습니다. 그때 받은 복음의 불이 지금까지 50년을 내리 달리게 해 준 겁니다.

제가 살아온 여정을 살펴보면, 힘들지 않은 날은 단 하루도 없었습니다. 교회를 개척할 때나 옮길 때나 언제든 힘들었는데, 그래도 늘 내일에 대한 희망이 있었습니다. 그런데 요즘은 전방위적인 위기에 초조감이 밀려옵니다. 다음 세대에 한국 교회를 이대로 물려줄 수는 없다는 생각에 이리저리 뛰어다니며 일하고 있습니다.

제가 교단 부총회장으로 일할 때, 기후 위기 특별위원회를 만들어야 한다고 했더니 사람들이 "총회가 뭘 그런 걸 하노?" 하고 고개를 저었습니다. 그리고 한교총 대표회장이 되어서 "기후 위기가 최대 관심사"라고 말했더니 "그걸 뭐 교회가 하노?" 하고 반기를 들었습니다. 그런데 1년도 채 지나지 않아서 모든 교회가 기후 문제를 심각하게 받아들이기 시작했습니다.

지구촌 문제가 가장 심각합니다. 온난화와 탄소중립을 포함해 육해공이 다 문제입니다. 2050년까지 탄소 중립을 실현하지 못하면, 약 10억 명의 기후 난민이 발생하게 되고, 그로 인해 강도와 해적의 약탈이 전 세계에 퍼지게 됩니다. 해수 온도가 상승함에 따라 바다 식물들이 죽어 감에 따라 물고기들이 알을 낳을 곳이 없어지고 있습니다. 그뿐 아니라 플랑크톤도 없어지고 있습니다. 땅이 얼마나 오염되었는지 얼마 전에는 벌들이 다 죽었습니다. 그러면 식량이 모자라게 됩니다. 원자폭탄보다 더 무서운 식량 위기가 임박했습니다. 우리나라의 식량 자급률은 20% 정도 됩니다. 쌀, 보리, 밀, 옥수수 등을 전부 다 수입해야 합니다. 이처럼 먹고 살길이 없어지고 있는 게 지구촌의 현실입니다.

게다가 미국과 중국의 신냉전 체제가 꿈틀거리고 있습니다. 그들이 기침하면 주변의 작은 국가들은 독감을 앓게 됩니다. 전 세계가 더불어 함께 살자고 하는 세계화의 시대

는 이제 저물었습니다. 아웃소싱도 없어졌습니다. 그게 군
사정보보호협정(GSOMIA)입니다. 일본이 우리의 목줄을 쥐
겠다고 했던 게 우리만의 얘기가 아닌 전 세계의 얘기입니
다. 이런 인간의 엄청난 악이 이기심으로, 국가주의로, 민
족주의로 똘똘 뭉치고 있는 세상입니다. 자기 나라에서는
존경받는 지도자들이 국제사회에서는 괴물들입니다. 세상
이 바뀌고 있는 겁니다.

미국은 소득 불균형이 제1차, 2차 세계대전 때와 똑같아
졌습니다. 그러면 어떻게 해결해야 할까요? 전쟁으로 해결
하는 겁니다. 자기들은 절대 죽으려고 하지 않습니다. 약소
국들이 죽어 나가는 겁니다. 중국 또한 심상치 않습니다.
불평이 중국 대륙을 휩쓸고 있습니다. 보도되지는 않지만,
젊은이들의 데모가 곳곳에서 일어나고 있습니다. 중국 내
55개 소수민족이 꿈틀거리고 있습니다. 여기저기 핵폭탄
이 널려 있습니다. 이런 일들이 지금 전 세계에서 펼쳐지고
있습니다.

뿌리가 흔들릴 때 진짜 주인을 찾자

저출산·고령사회와 관련하여 총회가 조사를 시행했습니다. 영남 지역 15개 노회 60세 이상이 89%, 100명 이상 모이는 교회가 6%, 예배를 잘 드리는 아이들의 출석률은 50%라고 합니다. 양극화로 인한 갈등과 탈종교…. 남의 얘기가 아닙니다. 한국 교회의 위기는 예측이 아니라 수순입니다. 지금은 가는 길이 보입니다.

거룩한 송과체가 작동해야 할 때가 되었습니다. 복음만이 답입니다. 저는 위기만을 보지 않기로 했습니다. 위기보다 크신 하나님을 바라보기로 했습니다. 문제보다 크신 하나님을 선포하기로 결단한 것입니다. 교회가 본질로 돌아가면, 길이 만들어진다고 믿기로 결단했습니다.

제가 신학교에서 공부할 당시에 주변에 성공 신학, 번영 신학, 교회 성장 지상주의가 만연했습니다. 또한 이와 관련한 책들을 수없이 읽었습니다. 전도에 힘쓰고 교회를 성장시키면 모든 문제가 해결되리라고 믿었습니다. 제가 목회하는 동안에 이 나라가 복음화되어 기독교 국가가 되리라고 믿었습니다. 거기에 미쳐서 밤잠도 설치며 기도했고, 성경을 연구하며 전도했습니다. 교회를 위해서 목숨을 걸었습니다.

그런데 이제는 그것이 틀렸다고 합니다. 제가 잘못 살았다고 합니다. 성공 신학, 번영 신학, 물량주의, 성장지상주의는 기독교 가치가 아니랍니다. 그렇다면, 앞으로 어떻게해야 합니까? 이제 우리는 새 길을 만들어 가야 합니다.

제 심장을 둘로 쪼개면, 한쪽에는 조국 대한민국이 있고, 다른 한쪽에는 한국 교회가 있습니다. 세상이 우리를 비난하는 소리가 들려오고, 각종 여론조사에서 교회의 신뢰도가 꼴찌라는 통계를 접합니다. 목회데이터연구소 후원이사회 회장을 맡고 있어서 관련 자료를 매일 보고받습니다. 자료를 볼 때마다 화가 납니다. 얼마든지 반박할 수 있고, 변명도 하고 싶습니다. "어떻게 해서든 잘해 보려고 하는 한국 교회를 향해 칭찬과 격려를 해 주지는 못할망정 감히 비난하다니, 너희들은 뭘 했는데? 우리가 뭘 그리 잘못했는데?" 하고 외치고 싶다가도 참습니다.

한 가지 감사한 것은, 그 어떤 비판에도 성경이 틀렸다는 말은 없습니다. 예수 그리스도께서 잘못 사셨다는 말은 없습니다. 기독교의 십자가 정신이 틀렸다는 말이 없습니다. 지난 140년간 기독교가 잘못 살아왔다는 말이 없습니다. 지금 우리가 잘못 살고 있다는 겁니다. 내가 틀렸다는 겁니다. 그러니 '그거 어려운 일 아니네. 나만 돌아가면 되겠네. 나만 달라지면 되겠어. 급성장의 후유증을 앓고 있는 한국 교회가 이제 정신 차리면 되겠네' 하는 생각을 하게 됩니다.

교회를 향한 비난의 목소리가 크게 들릴 때, 교회가 뿌리에서부터 흔들릴 때 하나님의 음성이 더욱 크게 들립니다. 본질로 돌아가면, 성경의 음성이 들리기 시작합니다. 세상에 비바람이 거세게 불어도 교회가 굳건히 바로 서 있으면 다시 회복할 수 있습니다. 변화하지 않으면 망하겠지만, 변화하면 길이 만들어지고 다리가 건설될 것입니다.

예수님의 십자가 능력, 하나님의 살아있는 말씀, 성령의 능력 등을 우리 스스로 제한하지 않고, 그대로 믿으면 이 위기를 뚫고 나갈 수 있는 능력이 됩니다. 이것이 복음입니다. 기죽지 마십시오. 복음을 부끄러워하지 마십시오. 온 세상이 아무리 위기라 해도 세상의 주인은 하나님이시잖습니까! 하나님의 살아계심을 믿으십시오. 역사의 주인 되시는 하나님을 믿으십시오. 그분이 우리 아버지이시고, 교회의 주인이십니다. 진짜 주인을 섬기면 됩니다. 그러다 망하면, 섬기다가 망했다고 보고하면 됩니다. 무얼 걱정합니까!

10/

현세대,
그다음 _____

2022년 4월 14일 경기도 광주시에 위치한 서울장신대학교의 개교 67주년 기념 감사예배에서 신학생, 대학원생, 교직원들을 대상으로 선포한 설교 말씀 ("조율")이다.

이제 내게로 거문고 탈 자를 불러오소서 하니라
거문고 타는 자가 거문고를 탈 때에 여호와의 손이 엘리사 위에 있더니
그가 이르되 여호와의 말씀이 이 골짜기에
개천을 많이 파라 하셨나이다(왕하 3:15-16).

세계적인 바이올린 연주가 파가니니(Paganini)
가 당대 권위자들 앞에서 연주를 시작했습니다. 그런데 연
주하는 도중에 줄 하나가 툭 끊어졌습니다. 그래도 흔들림
없이 연주를 계속해 나갔지만, 곧 줄 하나가 또 끊겨 두 줄
로만 연주하게 되었습니다. 그런데 절정에 다다르자 그만
또 한 줄이 툭 터지고 말았습니다. 하지만 파가니니는 마지
막 남은 한 줄로 연주를 끝까지 멋지게 마무리했습니다. 그
곳에 모인 모든 사람이 조마조마하게 쳐다보다가 일시에
기립 박수를 보냈습니다.

세상을 살다 보면 내가 믿었던 줄들이 툭툭 터져 나갈
때가 있습니다. 오늘날 우리는 어떤 분야든 터지지 않는 것
이 없을 만큼 전방위적인 위기 시대를 살아가고 있습니다.
그래도 우리에게 절대로 끊어지지 않는 한 줄, 내 인생의
사명과 비전을 끝까지 연주할 수 있는 마지막 한 줄이 남
아 있습니다. 이름하여 '본질'이라는 줄입니다.

탈종교시대와 제1종교

한국 교회는 세계 기독교 역사상 단기간에 가장 급성장한 교회로 알려져 있습니다. 성장한 다음에는 꽤 오랫동안 사회와 시대를 섬기며 탄탄히 자리매김했습니다. 그런데 세계에서 가장 빨리 성장했던 만큼 가장 빨리 성장을 멈추고, 위기를 경험하게 된 것 역시 한국 교회입니다. 그러다 보니 옹골차게 영글 틈이 없었습니다. 급성장의 후유증이 심각합니다. 성장하는 과정에서 본질에 충실하지 않고, '잘살아 보세'식의 번영 신학, 물질주의, 교회성장 지상주의, 성공주의에 빠져서 성장했기 때문입니다. 신학 위에 터를 잡는 대신에 실용주의 위에 터를 잡음으로써 불안정하게 성장했기 때문입니다.

우리는 가나안 교인이 급증하는 탈종교 시대를 맞이했습니다. 사회적으로도 절망을 경험하고 있습니다. 미래가 좀처럼 보이지 않습니다. 안갯속을 헤매는 듯합니다. 이제 본질을 찾아야 할 때입니다. 수많은 문제의 정답을 하나하나 다 찾을 수는 없습니다. 신학, 교회론, 목회의 마스터키를 찾아 손에 넣지 않으면, 목회 현장에서 끊임없이 맞닥뜨리게 되는 위기 상황을 헤쳐 나갈 수 없게 됩니다.

구태여 팬데믹 탓을 하지 않아도 한국 교회는 언젠가부터 연착륙하고 있었습니다. 엔데믹에 다다른 지금은 경착륙하고 있는 모습을 보게 됩니다. 신학적인 논의도 없이, 우리가 허락한 적도 없는데 세상은 언택트(Untact) 세계로 들어가 버렸습니다. 게다가 제4차 산업혁명 시대가 우리 앞에 빛의 속도로 펼쳐지고 있습니다. 세상은 급속도로 악해져만 갑니다.

서울대학교 소비트렌드분석센터의 김난도 교수가 매년 말 다가오는 새해를 전망하는 책을 내고 있는데, 그는 《트렌드 코리아 2022》에서 우리 사회가 나노(Nano) 사회로 나아가고 있다고 말합니다. 나노는 국제단위계에서 10억분의 1을 나타내는 분수로 지극히 작은 크기를 의미합니다. 김 교수는 우리 사회는 빠르게 개인주의화 되어 가고 있으며, 파편화된 개인들의 분열이 가속화할 것으로 내다봤습니다. 즉 잘게 쪼개지다 못해 자기 하나만 남는 세상이 된다는 것입니다. 극단적인 이기주의가 만연한 세상에서 종교는 '자기 숭배'라는 종교 하나만 남게 될 것입니다.

현재 영향력 면에서 우리 사회의 제1종교는 기독교입니

다. 그런데 세상은 우리에게 묻습니다.

"오늘도 우리에게 교회가 필요할까? 지금도 교회는 세상에 희망이 될 수 있을까?"

어떤 사람들은 이제 교회는 필요 없다고 말하고, 반기독교인들은 교회를 없애야 건강한 사회가 될 수 있다고 주장합니다. 교회를 향해 맹렬한 비난을 퍼붓고 있습니다. 그러나 우리는 "교회가 세상의 희망"임을 알기에 여전히 복음을 외치고 있는 겁니다.

마스터키를 가졌는가

우리가 잘 아는 열왕기서는 이름 그대로 왕들의 이야기입니다. 그런데 그 내용을 자세히 살펴보면, 정작 실질적인 주인공은 왕들이 아닌 하나님의 종들, 말씀의 종들임을 알수 있습니다. 제가 이름을 다시 붙인다면, 열왕기상은 '엘리야서', 열왕기하는 '엘리사서'라고 할 것입니다. 훌륭한 선지자들은 다 자기 이름으로 된 성경을 한 권씩 가지고 있지 않습니까? 엘리야와 엘리사는 그 누구보다도 탁월한 능력을 발휘했던 말씀의 종들이기에 그들의 이름으로 된 성경 책이 있다고 해도 어색할 것이 하나도 없습니다.

열왕기하 3장은 이스라엘과 유다와 에돔 3개국이 연합하여 이스라엘을 배반한 모압과 한판 전쟁을 치르는 이야기입니다. 그런데 연합군이 출정할 때 길을 잘못 들어서 큰 위기를 맞게 되었습니다. 전쟁을 해야 하는데, 물 한 방울 구할 수 없었습니다. 그렇다고 비가 올 기미가 있는 것도 아니고, 샘이 나타날 징조도 보이지 않았습니다.

이때 유다 왕 여호사밧이 대단히 중요한 말을 합니다.

"우리가 여호와께 물을 만한 여호와의 선지자가 여기 없느냐"(왕하 3:11).

이 위기를 헤쳐 나갈 수 있도록 상담해 주고, 새로운 길을 제시해 줄 하나님의 종, 선지자가 여기 없느냐고 물은 것입니다. 위기 상황에서 말씀의 종을 찾기 시작했다는 것은 대단히 중요한 출발입니다.

그러자 이스라엘 왕의 신하 중 한 사람이 재미있는 말을 합니다.

"엘리야의 손에 물을 붓던 사밧의 아들 엘리사가 여기 있나이다"(왕하 3:11).

제가 엘리사를 소개한다면, "엘리사는 엘리야 선지자의 겉옷을 물려받은 사람입니다. 게다가 갑절의 영감을 물려받아서 엘리야 못지않은 능력을 갖추게 된 종이 여기 있습니다"라고 말했을 겁니다. 그래야 좀 더 근사하지 않겠습니까? 그런데 스승이 손발을 닦을 때 물을 퍼 와서 손에 부어 주던 제자가 여기 있다고 소개한 것입니다. 품성과 하나님의 말씀을 연결한 기가 막힌 본문입니다.

옛날에 왕족의 말고삐를 붙들고 말을 몰던 크리스천 마부가 있었습니다. 그는 왕족이 나무 그늘 밑에 잠깐 쉬는 사이에 그에게 예수를 믿으라고 복음을 전했습니다. 왕족이 껄껄 웃더니 "야, 이놈아. 네가 예수를 믿으면 종놈이 양반이라도 된다더냐? 네가 예수를 믿으면 마부가 왕족이라도 된다더냐?" 하고 물었습니다. 그러자 마부가 "예수를 믿으면 종이 양반이 되는 것이 아니고 착한 종이 됩니다. 마부가 왕족이 되는 것이 아니고, 정직한 마부가 됩니다"라고 재치 있게 답했습니다. 복음에는 존재 자체, 즉 본질을 바꾸는 힘이 있다는 마부의 말에 감동을 받은 왕족은 그가 전하는 복음에 귀를 기울였고, 결국 그도 예수를 믿게 되었다고 합니다.

자기 스승의 손발에 물을 붓던 엘리사가 여기 있다는 말을 들은 여호사밧이 말합니다.

"여호와의 말씀이 그에게 있도다"(왕하 3:12).

그러고는 바로 말씀을 찾아 엘리사에게로 내려갔습니다.

오늘날 위기의 시대에 우리가 붙잡아야 할 마스터키는 바로 '하나님의 말씀'입니다. 한국 교회는 다시 말씀으로 돌아가야 합니다. 지금 모든 것을 다시 시작해야 합니다. 예배가 말씀 중심으로 돌아가야 합니다. 설교가 말씀으로 돌아가야 합니다. 신학교에서 성경 66권을 제대로 배워서 나가야 합니다. 비평학을 가르치면 근사한 신학이고, 성경 66권만을 가르치면 촌스러운 신학이 아닙니다. 그 가르치는 신학으로 성경을 가르쳐야 합니다. 저는 그렇게 배웠기에 그렇게 믿는 사람입니다.

저는 신학대학을 다니는 4년 동안 성경 66권을 한 절, 한 절 또박또박 배웠습니다. 어지간한 성경 구절은 다 외웠습니다. 본문만 있으면, 설교가 가능할 만큼 배웠습니다. 그래서 자신감이 있는 것입니다. 서울장신대 신설동 캠퍼스에서 수년간 귀납적 성경 연구를 가르친 적이 있습니다. 학생들의 나이가 저보다 더 많았습니다. 제가 가르쳤던 학생들을 더러 만나면, 다른 배운 것은 거의 잊고 저한테서 배운 귀납적 성경 연구를 설교할 때 잘 이용한다고 합니다. 무엇보다도 성경을 가르쳐야 합니다. 하나님의 말씀이 본질이기 때문입니다.

말씀이 있어야 하나님께 맞출 수 있다

저는 1973년에 교육 전도사로 사역하기 시작하여 지금까지 50여 년간 사역해 왔습니다. 적어도 제 목회의 본질은 말씀과의 싸움이었습니다. 성경을 붙들고 씨름하는 목회였습니다.

이스라엘과 유다와 에돔의 세 왕이 엘리사 선지자를 찾아왔습니다. 당대에 세상을 호령하던 근엄한 왕들이 셋이나 나타난 겁니다. 보통 사람 같으면 두려워할 만도 한데, 엘리사는 두려워하는 기미가 보이지 않습니다. 흥분할 만하지 않습니까? 세 왕이 일개 촌부에 지나지 않는 자신을 찾아왔는데, 기뻐하며 우쭐거릴 만하지 않습니까? 세 왕과 교제한다면, 적어도 선교 전략상 유리하지 않겠습니까? 그러나 엘리사에게는 그런 마음이 추호도 없어 보입니다.

말씀의 종, 곧 하나님의 종은 이렇게 살아야 합니다. 세상 앞에 당당해야 하며 영적인 품위를 잃지 말아야 합니다. 주의 종으로서 품격을 잃지 말아야 한다는 것입니다.

엘리사는 그들을 한참 나무란 뒤에 "이제 내게로 거문고 탈 자를 불러오소서"(왕하 3:15)라고 말합니다. 신구약 66권을 통틀어서 하나님 말씀의 임재와 악기를 연결한 유일한 본문입니다. 거문고가 연주될 때, "여호와의 손이 엘리사 위에"(왕하 3:15) 임했습니다. 악기가 연주되는 도중에 하나님의 손이 임한다면 거문고 위에 임해야 합니다. 아니면 거문고를 연주하는 악사 위에 임해야 할 것입니다. 그런데 말씀의 종에게 여호와의 손이 임했다고 합니다. 말씀과 여호와의 손이 연결된다는 점에서 대단히 중요한 의미가 있는 본문입니다.

거문고는 현악기입니다. 조율이 중요합니다. 오케스트라 연주회에 가 보면, 공연이 시작되기 전에 각자 요란하게 자기 악기를 조율합니다. 오케스트라의 조율 기준은 오보에입니다. 오보에가 '라' 음을 내면, 다른 모든 악기가 그 음에 맞추어 조율하는 겁니다. 말씀 연구도 마찬가지입니다. 조율을 잘하지 못하면, 목회하든 신학을 연구하든 유학 가든 허당입니다.

어느 교회에 젊은 목사가 새로 부임했다고 해서 어떤 사람인지 그 교회 장로에게 물었습니다. 장로님 얘기가 "말씀이 조금 약해서 그렇지. 훤하게 생기셨어요." 허당이지요. "목사님, 목사님. 그분은 박사학위를 두 개나 받으셨대요." 껍데기지요. 목사의 자질과는 전혀 상관없는 것들이기 때문입니다.

지금은 영적으로 흐트러진 음을 조율해야 할 때입니다. 뉴노멀이라는 전혀 다른 세상이 펼쳐지고 있습니다. 말씀의 영성을 다시 조율하고 출발해야 할 때입니다.

우리나라 기독교 학교의 역사는

선교 역사만큼이나 깁니다.
정말 자랑하고 또 자랑해도 모자람이 없는
한국 교회 선교의 큰 기둥입니다.
일제 강점기에 기독교 학교는 독립운동과
애국 운동의 산실이었으며 복음에 기초한 건학 이념을
지키기 위해서 온갖 노력을 다했습니다.
매 맞고 옥에 갇히고, 폐교당할 위기에서도
건학의 정체성을 잃지 않았습니다.

과거 이스라엘도 바벨론 왕 느부갓네살에 의해 나라를 잃고,
백성들이 바벨론에 포로로 끌려가는 수모를 당했습니다.
느헤미야는 예루살렘 성벽이 무너졌다는 소식을 듣고
고통 가운데 통곡했습니다.
그에게 예루살렘은 심장과도 같았기 때문입니다.
바벨론 왕의 술 관원이었던 느헤미야는 왕의 허락을 얻어
예루살렘으로 귀환했습니다.

무너진 성벽을
재건하기 위해서였습니다.

느헤미야가 제일 먼저 수축한 것은
양 문이었습니다.

길을 닦는 일도 중요했을 것이고,
우물을 파는 일도 중요했을 것이고,
쓰레기를 치우는 일도 중요했을 것입니다.
그러나 제일 먼저 한 일이 양 문을 고쳐 다는 것이었습니다.
다음 세대가 무너진 예배를 일으킬 수 있도록
교육의 문부터 수축했던 것입니다.

우리 기독교 사학이
무엇 때문에 무너지는 수치를 당해야 하는지

스스로 돌아보고
고쳐 나가는 것이
바로 이 시대의 양 문을 수축하는 일입니다.

그래야만 130여 년 전 피땀 흘려
학교를 세웠던 선교사들과 믿음의 선진들을
천국에서 만날 때,
그들의 얼굴을 부끄럽지 않게 대할 수 있을 것입니다

-2022년 2월 23일 사학법인미션네트워크가 주최한 '기독사학 비전선포식'에서
"다시는 무너지지 말자"라는 제목으로 설교한 내용 중에서

11/

복음으로
새롭게 _____

2021년 9월 28-30일에 대한예수교장로회 통합교단 제106회 총회가 파주 한
소망교회에서 개최되었다. 제106회 총회에서 총회장으로 취임하여 개회예배
에서 선포한 말씀("복음으로, 교회를 새롭게 세상을 이롭게")이다.

이르시되 때가 찼고 하나님의 나라가 가까이 왔으니
회개하고 복음을 믿으라 하시더라(막 1:15).

하나님을 찬미하며 또 온 백성에게 칭송을 받으니
주께서 구원 받는 사람을 날마다 더하게 하시니라(행 2:47).

봉생마중(蓬生麻中)이란 말이 있습니다. 순자(荀子) 권학(勸學) 편에 나오는 말로 삼밭에서 자라는 쑥은 삼나무를 닮아 곧고 크게 자란다는 뜻입니다. 이 땅에 교회들이 삼밭이 되면, 비뚤어진 세상도 곧고 바르게 세워질 것입니다.

140년 전 서양의 상선들이 무역이라는 이름으로 한반도에 들어와 바이러스 전염병을 퍼뜨렸습니다. 그러나 또 한편에서는 서양의 선교사들이 들어와 복음을 퍼뜨리기도 했습니다.

일제 강점기에 3·1운동이 일어나기 직전에는 스페인 독감이 전 세계를 강타했습니다. 나라 잃은 우리는 1,700만 인구 가운데 700만 명이 감염되었지만, 일제는 우리에게 약을 하나도 주지 않았습니다. 나라 잃은 서러움과 함께 14만 명의 귀한 생명이 안타깝게 죽었습니다.

이것이 3·1운동의 직·간접적인 원인이 되기도 했습니다. 그런데 바로 그 시점에 전국의 교회들은 병든 자를 돌보고 절망에 빠진 백성들에게 다시 나라를 찾을 수 있다고 희망을 심어 주었습니다.

위기의 시대 마지막 보루, 교회

우리 시대의 위기는 무엇입니까? 하나님이 창조하신 생태계가 파괴되고 있습니다. 지난 30년간 지구촌 기온이 평균 1도가 높아졌습니다. 지구의 온도가 1도 높아지면, 매년 5천만 명이 물 부족에 시달리게 됩니다. 매년 남극의 얼음은 수영장 7,760만 개만큼이나 녹아내리고 있습니다. 매년 아마존에서 사라지는 삼림의 양은 축구장 120만 개보다 많습니다.

이제 교회는 저출생 문제도 가슴에 끌어안고, 기후 위기 문제 해결에도 앞장서야 할 때입니다. 발등에 떨어진 내적 문제만 끌어안고 살 때가 아닙니다. 문제는 많아지는데, 우리의 능력이 약해지고 있는 것이 위기입니다. 이때야말로 능력을 받기 위해 목숨 걸고 예배의 본질과 감동을 회복해야 합니다. 교회는 공공성과 공적 복음을 회복하여 세상의 칭송을 되찾아야 합니다. 뒷북치는 교회가 아니라 시대를 앞서가는 교회로서의 위상을 되찾아야 합니다. 이것이 바로 "복음으로 교회를 새롭게 세상을 이롭게" 하는 길입니다.

"내려갈 때 보았네/ 올라갈 때 보지 못한/ 그 꽃."

시인 고은의 〈그 꽃〉이라는 시입니다. 시인의 마음처럼 우리는 내리막길에서 발견하는 희망의 뉴노멀을 보아야 합니다. 지난 140년간 한국 교회는 위기가 있을 때마다 문제의 한복판으로 뛰어들어 가 문제를 부둥켜안고 위기를 기회로, 절망을 희망으로, 아픔을 치유의 기회로 만들어 냈습니다.

산업화의 물결 속에서 점점 악화되어 온 생태계 자연환경의 문제, 재난 시대에 더 취약해진 사회 양극화 불평등의 문제, 가정이 신앙과 교육의 중심이 되어 왔던 기독교 전통을 잃어버린 문제 등으로 마냥 위축되어 수동적으로 방어만 할 것이 아니라 적극적으로 변화할 기회로 삼아야 할 것입니다.

온 땅이 일어나 우리에게 손짓합니다.

"교회여! 너희가 먼저 새로워져라. 와서 우리를 도우라.

제발 우리를 복되게 하라. 이롭게 하라."

온 세상이 교회와 성도들을 바라보고 있습니다. 꿈이 없는 백성은 방자히 행동합니다. 부끄러움을 모릅니다. 세상에서조차 사라진 악습들이 거룩한 하나님의 공동체 안에서 되살아나서는 안 됩니다. 교회는 하나님의 정의와 공의가 살아있는 마지막 보루입니다. 진영 논리와 로비의 부정한 돈이 사람의 마음을 굽게 하고 저울의 추를 속이게 합니다.

사도신경은 우리의 신앙고백이요 기도입니다. 우리는 사도신경을 통해 "성령을 믿으며, 거룩한 공교회와 성도의 교제와 죄를 용서받는 것과 몸의 부활과 영생을" 믿는다고 고백합니다. "거룩한 공교회"는 부정과 불의에 오염되지 않는 도덕적 자신감이 능력입니다. 교회의 권위는 거룩성에 있습니다. 우리는 부정이나 불의와 타협하지 않는 거룩함을 되찾아야 합니다.

세상을 위해 흘려야 할 눈물의 사명

저는 30여 년 전에 '맨손, 맨몸, 맨땅'이라는 3맨 정신으로 교회를 개척하기 시작했습니다. 6개월 어간 기도하고 준비하여 당시 농촌 마을이었던 능곡에 40평짜리 지하 한 켠을 얻어 꿈에도 그리던 설립 감사예배를 드렸습니다.

그런데 아뿔싸! 수도공사가 잘못되어 지하 예배당 바닥으로 물이 스며들었습니다. 원인을 알 길이 없어 의자 밑을 기어 다니며 닦고 또 닦다가 우리 식구들은 모두 허리를 다쳤습니다. 저도 어느 날 허리가 끊어질 것처럼 아파 엉금엉금 기어 강단 바닥에 쓰러져 엉엉 울었습니다. 아파서 울었고, 서러워서 울었습니다. 개척교회를 섬기다가 힘들어서 울었습니다.

그때 제 마음에 크게 들려온 하나님의 음성이 있었습니다.

"종아, 아프냐? 교인들이 더 아프고, 세상이 더 많이 아프다. 그 눈물로 교인들의 아픈 가슴을 녹여라. 그 눈물로 세상을 닦아라. 치유해라. 거룩한 공교회, 곧 나의 몸 된 교회를 닦아라!"

그때 저는 이렇게 대답했습니다.

"그렇군요. 주님, 제 몸보다 교회가 더 아프군요. 세상이 병들었군요. 닦겠습니다. 부지런히 눈물로 닦겠습니다."

그때 그 하나님의 음성이 오늘날 부족한 저를 곧게 세우십니다. 모든 것이 하나님의 은혜입니다.

복음의 알맹이는 예수

곤지암에 있는 소망수양관에 올라가다 보면 언덕 밑에 공장이지 싶은 시멘트 벽돌 건물이 하나 있었습니다. 그 벽엔 이런 글귀가 있었습니다.

"God is the Key!"(하나님이 열쇠다!)

알고 보니 열쇠 공장이랍니다.

"그래! 세상은 우리 앞을 잠그고, 희망을 빼앗아 가지만 하나님이 열쇠 되신다. God is the Key! Jesus is the Key! 예수가 열쇠다! 복음이 열쇠다!"

복음은 예수님이 우리를 구원하기 위해 이 땅에 오셔서

이루어 놓으신 구원의 소식입니다. 한마디로 요약하면, 예수 그리스도의 죽음과 부활의 소식입니다. 이것을 신학에서는 복음의 알맹이, 케리그마(Kerygma)라 하던가요.

"때가 찼고 하나님의 나라가 가까이 왔으니 회개하고 복음을 믿으라"(막 1:15).

사도들은 이 케리그마를 너무나 쉽게 우리 손에 쥐어 줍니다.

"주 예수를 믿으라 그리하면 너와 네 집이 구원을 받으리라"(행 16:31).

그렇습니다. 예수가 복음입니다. 기독교는 시작도 예수고, 끝도 예수입니다. 앞을 봐도 예수요 뒤를 봐도 예수입니다. 그러므로 교회의 교회 됨은 오직 복음으로 돌아가는 것입니다.

태양이 1초 동안 발하는 에너지를 고스란히 모을 수만 있다면 세계인이 100년을 쓰고도 남는다고 합니다. 골고다 언덕에서 예수님이 흘리신 보혈 한 방울이면, 온 인류를 구원하고도 넉넉히 남을 것입니다. 복음이 세상을 구원하는 마스터키입니다.

공적 교회, 공적 복음

그러나 우리가 기억해야 할 한 가지 사실이 있습니다. 그 열쇠는 내가 나만을 위해 쓰는 곳간 열쇠가 아니라는 것입니다. 일시적이고 현세적인 욕망을 채우기 위한 열쇠가 아닙니다. 물질주의, 성장 지상주의, 위복주의, 지니의 요술 주머니 같은 미신적인 열쇠가 아닙니다. 도깨비의 요술 방망이가 아닙니다.

가난했던 시절, 산업화 물결과 함께 자리 잡은 성공 신학과 번영 신학의 틀을 깨야 합니다. 공적 교회 공적 복음의 본질을 회복해야 합니다. 물론, 복음은 모든 믿는 한 사람, 한 사람을 구원하는 능력이 있습니다. 나아가 사회와 공동체를 구원하고, 나라와 민족을 살리는 능력이 있습니다. 복음의 공공성이 오롯이 회복될 때, 교회를 향한 무너진 신뢰는 회복되고, 교회를 떠났던 발걸음들이 돌아오게 될 것입니다.

복음의 중심에 서는 교회의 사명과 자랑이 여기에 있습니다. 우에서 좌까지, 개인 구원에서 사회 구원까지, 지교회에서 세계 교회까지, 개인의 심장에서 역사의 한복판까지 하나님 나라가 임하도록 해야 할 역사적 책임이 우리에게 있습니다.

지금 세계는 문명사적 대전환기에 서 있습니다. 생산, 소비, 유통, 가치관, 시대정신 등 하루가 다르게 달라지고 있습니다. 이는 교회도 마찬가지입니다. 포스트 코로나(Post Corona)가 아닌 위드 코로나(With Corona)와 함께 뉴노멀을 준비해야 합니다. 어제의 목회 프로그램이 오늘도 유용한 것은 아닙니다.

교회가 새로워지는 길은 한두 가지 프로그램이나 한두 가지 사업에 있지 않습니다. 교회가 껍데기에서부터 심장까지 달라지지 않고는 복음을 아무리 외쳐도 울리는 꽹과리에 불과할 것입니다. 교회는 뉴노멀 시대를 이끌 만큼 뿌리부터 새로워져야 합니다. 그래야만 세상이 교회를 두려워하고, 온 백성이 일어나 교회를 칭송하며 구원받는 사람이 날마다 더해지게 될 것입니다.

봉생마중(蓬生麻中)이면 불부이직(不扶而直)이라 했습니다. '쑥이 삼밭에서 자라면 붙들어 주지 않아도 곧게 자란다'라는 뜻입니다. 교회라는 삼밭이 곧게 서면, 세상과 사회가 함께 새로이 곧게 자라게 될 것입니다. 내가 섬기는 교회

하나가 새롭게 되는 것이 한국 교회를 새롭게 하는 것이요 한국 교회가 바로 서는 것이 곧 우리나라를 바로 세우는 것입니다.

12
복음으로
이롭게 _____

2021년 8월 22일 제106회 예장통합 총회장 취임을 앞두고 부총회장으로서 한소망교회 주일예배에서 선포한 설교 말씀("복음으로, 교회를 새롭게 세상을 이롭게 2")이다.

또 내가 네게 이르노니 너는 베드로라
내가 이 반석 위에 내 교회를 세우리니
음부의 권세가 이기지 못하리라 내가 천국 열쇠를 네게 주리니
네가 땅에서 무엇이든지 매면 하늘에서도 매일 것이요
네가 땅에서 무엇이든지 풀면 하늘에서도 풀리리라 하시고(마 16:18-19).

내가 복음을 부끄러워하지 아니하노니 이 복음은 모든 믿는 자에게
구원을 주시는 하나님의 능력이 됨이라 먼저는 유대인에게요
그리고 헬라인에게로다(롬 1:16).

제게는 한 가지 믿음이 있습니다. "세상에는 많은 신학이 있지만, 복음이 아닌 신학은 신학이 아니다. 예수님의 피 묻은 복음이 깃들지 않은 설교는 설교가 아니다"라는 믿음입니다. 제 신앙 여정을 살펴보면, 평생 복음에 미쳐 살았고, 교회에 미쳐 살아왔음을 알 수 있을 것입니다.

　　저는 일평생 '교회는 세상의 희망'이라고 외쳐 왔습니다. 그런데 수십 년 동안 예수를 믿으며 흔들릴 줄 몰랐던 제 믿음과 외침에 요즘 의문이 생기기 시작했습니다. 제 질문은 이것입니다.

　　"아직도 한국 교회는 세상에 희망인가?"

　　"오늘 우리가 살고 있는 이 시대에도 교회는 여전히 세상의 희망인가?"

복음이 이끌어 준 한 걸음 한 걸음

성경은 "사람이 마음으로 자기의 길을 계획할지라도 그의 걸음을 인도하시는 이는 여호와시니라"(잠 16:9)라고 말합니다. 저는 어릴 때부터 어떤 꿈이 있어서 말하기와 글쓰기를 연습했습니다. 사실은 정치가가 되는 게 꿈이었습니다. 그래서 나름대로 훈련해 왔었는데, 하나님은 제 등 뒤에서 당신만의 새로운 계획을 세우고 계셨던 것이지요.

어릴 적에 우리 집 옆에 교회가 있었으니 어린 사무엘처럼 늘 교회에서 살았습니다. 정치가의 꿈이 있고, 리더십이 있어서 그런지 가는 곳마다 회장 노릇을 했습니다. 제 인생을 뒤돌아보니 인생의 걸음걸음을 하나님이 인도하셨음을 깨닫습니다. 모든 걸음은 목회자가 되어 목사로 살게 하시려는 하나님의 계획을 성취하기 위함이었습니다. 제가 계획한 길은 죄다 막히곤 했습니다.

결국, 하나님이 인도하시는 길을 따라서 신학생이 되었습니다. 제가 신학대학에 입학하자마자 한국 교회에 역사적인 일들이 벌어졌습니다. 1973년 여의도에 아파트가 지어지기도 전이었습니다. 그 넓디넓은 광장에서 빌리 그레이엄 전도 집회가 열렸었고, 그다음 해에는 같은 장소에서 엑스플로 74가 열렸습니다. 저는 두 대회에 모두 참석했는데, 그것도 온전히 참석했습니다. 그때 그곳에서 들었던 복음이 지금까지도 저를 울립니다. 저는 확실한 복음에 사로잡혔습니다.

저는 복음 전도의 열정으로 불타올라 미칠 지경이었습니다. 공원에 앉아 있는 사람만 보면, 달려가 복음을 전하곤 했습니다. 당시 저만 그랬던 것이 아니라 신학생들이 대부분 그렇게 살았습니다. 버스 옆자리에 앉은 사람에게 복음을 전하지 않으면 큰 죄를 짓는 것만 같았습니다. 버스에 오르면 전도 대상자를 찾아서 그가 내릴 때까지 복음을 전했고, 그가 내리고 나면 또 다른 사람에게 다가가 복음을 전하곤 했습니다.

세상의 질문에 내놓을 정확한 답

저는 평생 복음 때문에 행복했습니다. 그런데 교회야말

로 세상의 희망임을 외치며 살아온 제가 "과연 교회는 세상에 희망인가?"라는 의문을 품게 되었습니다. 당신이라면 이 질문에 무엇이라 대답하겠습니까?

오늘날 교회의 모습을 보십시오. 세상의 어떤 무리보다도 더 갈등의 골이 깊은 집단이 되어 가고 있습니다. 갈등을 조장하는 당사자가 되어 서로 생채기를 내며 상처투성이로 살아가고 있습니다. 잘못 살고 있는 것이지요. 이것은 하나님의 뜻이 아니지요. 복음의 본질에서 벗어난 것이지요.

복음이 무엇입니까? 가장 쉬운 대답이자 가장 정확한 대답이 있습니다. 예수가 곧 복음이라는 것입니다. 이것은 영원히 변치 않을 대답입니다. 초대 교회는 예수가 복음이라는 이 사실 하나에 생명을 걸었습니다. 예수를 전하지 말라고 명하는 권세자들 앞에서 "너희의 말을 듣는 것이 하나님의 말씀을 듣는 것보다 옳은가 판단하라"(행 4:19)라고 당당하게 말했으며, "주 예수를 믿으라 그리하면 너와 네 집이 구원을 받으리라"(행 16:31)라고 힘있게 선포했습니다. 초대 교회의 케리그마, 복음의 핵심은 분명했습니다.

"주 예수를 믿으라!"

이 얼마나 분명하고 단순한 복음입니까? 이 단순한 복음 안에 구원이 있습니다. 치유가 있고, 새로워짐이 있고, 회복이 있고, 능력이 있고, 권세가 있습니다. 하나님 나라가 있습니다.

그래서 사도 바울은 예수 그리스도의 복음 외에 다른 곳에는 구원이 없다고 전하고, 이 단순한 예수 복음 외에 다른 복음을 전하는 자는 저주를 받을 것이라고 단언했습니다(갈 1:7-8).

로마는 나사렛 예수가 구세주라는 복음을 부끄러워하고, 자기의 군사력을 자랑했습니다. 예수님이 온유와 겸손이 세상을 바꾼다고 말씀하실 때, 그들은 이 복음을 부끄러워했습니다. 그러나 사도 바울은 예수 그리스도의 복음을 부끄러워하던 로마를 향해 담대히 외쳤습니다.

"로마는 반드시 망한다. 황제는 구원자가 아니다. 하나님의 아들이 아니다. 하나님 나라만이 영원하다. 나는 복음을 부끄러워하지 않는다. 복음만이 영원한 구원의 소식이다."

복음의 중심에 서는 교회란 무슨 의미일까요? 교회는 오른편에는 보수적인 신앙과 왼편으로는 개혁 진보적인 신앙을 함께 가슴에 품고, 어느 한 쪽으로 치우치지 않으려고 몸부림쳐야 합니다. 왜 그래야 할까요? 우리가 가는 길이 곧 성경의 길임을 믿기 때문입니다. 예수님이 가신 길임을 믿기 때문입니다.

"과연 교회는 세상의 희망인가?"라는 질문에 제가 스스로 내린 결론은 이렇습니다.

"희망이 사라질수록, 절망이 엄습해 올수록 교회는 세상의 희망이 되어야 한다. 교회와 복음만이 인류가 품은 온갖 질문의 대답이요 영원한 희망이다. 우리가 전하는 예수 복음 외에 희망이 어디 있던가?"

영적 예리함으로 세상을 새롭게

세상의 모든 교회는 머리 되시는 주님, 주인 되시는 예수 그리스도를 위해 존재합니다. 그러므로 항상 하나님 나라의 영광을 위해 일해야 합니다. 어린 신앙인들은 교회란 늘 나를 돌봐주고 내 필요를 채워 주는 곳이라고 생각합니다. 그러나 그리스도의 장성한 분량에 이르면서, 성숙한 신앙인으로 자라야 합니다. 어린아이의 신앙에 머물러 있어서는 안 되는 것입니다. 사적 복음이 아니라 공적 교회, 공적 복음, 곧 하나님 나라의 복음에 굳건히 서 있어야 합니다.

한국 교회는 선교 초기부터 예수를 믿는다는 것은 곧 존재가 새로워지는 것이요, 새롭게 사는 것이요 세상을 새롭게 만드는 것임을 믿었습니다. 초기 교인들은 예수님을 믿은 첫날부터 술과 담배와 마약을 끊었습니다. 우상과 미신을 타파하고, 미신적 신앙을 내다 버렸습니다. 떼먹은 돈을 갚으러 뛰어다녔습니다. 머슴들을 함부로 대한 죄를 회개하고, 그들을 가족처럼 대하기 시작했습니다. 점집이나 기생집에는 발을 끊었습니다. 목숨을 초개와 같이 버리며 3·1운동에 앞장섰습니다. 주일학교 어린아이들도 세뱃돈으로 전도지를 사서 전도하러 다녔고, 태극기를 사서 친구들에게 나누어 주었습니다. 이것이 십자가 신앙이요 순교자적 신앙입니다. 한국 교회는 예부터 이름 없는 민초들의 친구였고, 아픈 백성들의 치유자였으며 절망에 빠진 민족의 희망이었습니다.

거대한 빙산을 깨는 것은 망치가 아닙니다. 조그만 바늘 하나로도 깨뜨릴 수 있습니다. 복음과 성령으로 영적 예리함을 회복하기만 하면, 우리 시대에 모든 위기를 타파할 수 있을 것입니다.

13/

복음으로
바르게 _____

2022년은 한국장로교회 총회 설립 110주년이 되는 해로, 각 장로교단이 연합하여 8월 26일에 서울 강남구 충현교회에서 기념대회를 개최하였다. 한소망교회가 9월 4일 교단의 총회 주일을 맞이하여 총회 창립 110주년 기념 감사예배를 드릴 때 선포한 설교 말씀("자랑스런 교회")이다.

이르시되 너희는 나를 누구라 하느냐 시몬 베드로가 대답하여 이르되
주는 그리스도시요 살아 계신 하나님의 아들이시니이다
예수께서 대답하여 이르시되 바요나 시몬아 네가 복이 있도다
이를 네게 알게 한 이는 혈육이 아니요 하늘에 계신 내 아버지시니라
또 내가 네게 이르노니 너는 베드로라
내가 이 반석 위에 내 교회를 세우리니
음부의 권세가 이기지 못하리라 내가 천국 열쇠를 네게 주리니
네가 땅에서 무엇이든지 매면 하늘에서도 매일 것이요
네가 땅에서 무엇이든지 풀면 하늘에서도 풀리리라 하시고(마 16:15-19).

어느 날 새끼 사자가 어미 사자에게 물었습니다.

"엄마, 엄마! 우리 목덜미는 왜 다른 짐승들과 다르게 무섭게 생겼어?"

어미 사자가 대답합니다.

"우리는 밀림의 왕자거든."

"엄마, 엄마! 우리 이빨은 왜 이렇게 날카롭게 생겼어?"

"이 밀림을 다스리려면, 힘이 있어야 해. 먹이를 낚아채야 하니까."

"엄마, 엄마! 우리 다리는 왜 이렇게 튼튼하게 생겼어?"

"우리는 밀림을 질주하며 이 세상을 다스려야 한단다. 우리는 동물의 왕이거든."

"그런데 엄마, 우리는 왜 이렇게 동물원에 쭈그리고 앉아 있어?"

교회가 영적 권위를 잃고, 세상의 조롱거리가 되고 비난의 대상이 될 때마다 속상한 마음에 즐겨 들려주는 이야기입니다. 오늘날 교회가 처한 처지와 비슷한 것 같아서 말입니다.

교회의 주인이 교회의 본질이다

어느 날 주님이 제자들에게 "너희는 나를 누구라 하느냐"(마 16:15) 하고 물으시자 시몬 베드로가 얼른 나서서 "주는 그리스도시요 살아 계신 하나님의 아들이시니이다"(마 16:16)라고 대답합니다. 그러자 주님이 "바요나 시몬아 네가 복이 있도다 이를 네게 알게 한 이는 혈육이 아니요 하늘에 계신 내 아버지시니라 또 내가 네게 이르노니 너는 베드로라 내가 이 반석 위에 내 교회를 세우리니 음부의 권세가 이기지 못하리라 내가 천국 열쇠를 네게 주리니 네가 땅에서 무엇이든지 매면 하늘에서도 매일 것이요 네가 땅에서 무엇이든지 풀면 하늘에서도 풀리리라"(마 16:17-19)라고 말씀하십니다.

주님이 말씀하시는 교회의 본질은 과연 무엇일까요?

첫째, 교회가 세워지는 자리는 무릉도원이 아닙니다. 교회는 어떤 갈등이나 도전도 없는 깊은 산중 또는 외딴 무인도에 세워지는 게 아닙니다. 교회는 언제나 문제의 땅 한복판에 세워집니다.

주님이 시몬 베드로의 고백 위에 "내 교회"를 세우겠다고 말씀하신 곳은 가이샤라 빌립보입니다. 당시 우상이 창궐하던 도시입니다. 복음에는 영 마음이 없는 도시입니다. 황제를 하나님의 아들로 믿고, 로마의 그늘 아래 잘 먹고 잘사는 도시이기 때문입니다. 그런데 주님은 교회를 바로 이곳, 이방인의 도시 한복판에 세우겠다고 말씀하십니다.

교회의 위기는 어제오늘의 이야기가 아님을 알 수 있습니다. 그러니 혼자 힘든 것처럼 넋두리하지 말라는 뜻입니다. 우상과 귀신들이 우글거리는 땅에 교회를 세우십니다. 악한 세상과 맞서 싸우라고 세우시는 것입니다.

둘째, 교회의 주인은 하나님이심을 기억해야 합니다. 진짜 주인을 몰라보는 세상을 탓할 것 없이 교회 안에서도 누가 주인인지 모를 볼썽사나운 일이 일어나곤 합니다. 교회의 주인이 누구입니까? 교회의 주인은 목사도 장로도 성도도 아닌 오직 우리 주 예수 그리스도 한 분이십니다.

예수님은 베드로에게 "내가 이 반석 위에 내 교회를 세우리니"라고 말씀하십니다. 즉 "예수 그리스도를 주로 고백하는 사람들 위에 "내 교회"를 세우겠다. 내가 교회의 주인이다"라고 말씀하시는 겁니다. 이 개념을 요즘 말로 하면, 하나님 나라 관점에서의 공적 복음, 교회의 공공성이라

할 수 있습니다.

예수님의 말씀에서 찾아볼 수 있는 세 번째 교회론은 교회는 궁극적으로 승리한다는 것입니다. 주님은 "음부의 권세가 이기지 못하리라"라고 말씀하십니다. 교회를 공격하고 핍박하는 자들은 결국 교회를 이기지 못합니다. 교회를 사유화하려는 자들은 결코 교회를 이기지 못합니다. 교회를 어지럽히는 자들이 교회를 이긴 적은 한 번도 없었습니다.

교회는 존귀한 공동체입니다. 이 땅에 세워진 하나님 나라입니다. 또한 우리 주 예수 그리스도의 신부요 그리스도의 몸입니다. 그러므로 교회를 대할 때, 경외감을 가지고 말하고 섬겨야 합니다. 어떤 자세로 교회를 대하고, 어떻게 섬겼느냐가 종말에 하나님 앞에 섰을 때 보상과 심판의 바로미터가 됩니다. 하나님의 독생자 예수 그리스도께서 이 땅에 교회를 세우기 위해 골고다 언덕에서 피 흘리셨습니다. 수많은 선교사, 믿음의 선진이 교회의 복음을 지키고 전하기 위해서 자기 목숨을 헌신짝처럼 내던졌습니다. 오늘날도 신앙인은 교회를 위해 당당히 죽을 수 있습니다.

하나님의 주권과 바른 신학

창조 세계의 주인은 하나님 한 분뿐입니다. 이것은 하나님의 주권 신학입니다. 하나님의 주권 신학 안에서도 교단마다 신학적 입장이 다를 수 있습니다. 중요한 것은 하나님의 주권과 복음의 중심에 신학이 있는가입니다. 개인 구원을 소중히 여기면서도 사회적인 이슈를 경홀히 다루지 않아야 합니다. 교회의 목회를 존중하면서도 사회 정의 실현도 감당해야 합니다.

6·25 전쟁 이후 장로교단이 분열의 과정을 거칠 때, 우리나라에 복음을 전해 준 선교사들은 그들이 세웠던 수많은 학교와 병원과 복지재단을 어떻게 관리해야 할지 고민했습니다. 그들은 한결같이 동일한 결론을 내리게 되었습니다.

당시 한경직 목사님을 중심으로 한 바른 신학의 터 위에서 있던 대한예수교장로회 통합 측 교단에 모든 학교와 병원과 복지재단을 넘기기로 한 것입니다. 세계 복음화를 위한 신앙 노선을 선교사들과 교회가 함께 감당하고자 한 것입니다.

저는 한국 교회와 사회 사이에 막힌 소통의 통로를 뚫기 위해 온갖 노력을 기울였습니다. 한국 교회의 위상을 세우는 일이라면 어디든지 최선을 다해 달려갔습니다. 세상이 교회를 향한 비난의 소리를 멈추고, 교회를 향해 박수해 주는 세상을 만들기 위해서 할 수 있는 모든 노력을 다했습니다. 그러자 불가능할 것만 같던 일들을 하나님의 은혜로 감당할 수 있었고, 우리의 모든 기도를 하나님께서 응답하셨다고 고백할 수 있을 만큼 우리가 했던 일이나 기대했던 일보다 더 큰 일을 감당하게 해 주셨습니다. 하나님의 역사하심입니다. 하나님이 기적을 베풀어 주셨습니다.

또한 제 곁에 믿음의 사람들이 있었기에 가능했습니다. 목회자가 혼자 일하고, 성도들은 목회자를 위해 기도하고 돕는 사역이나 하는 게 아닙니다. 성도 한 사람, 한 사람이 교회의 대표자이며, 교회를 섬기고 세상을 섬기는 사역자입니다. 또한 그리스도의 몸 된 교회의 지체입니다. 누구는 손이고, 누구는 발이며 누구는 눈이요 귀요 코요 입입니다. 모두 자기 역할이 있습니다.

세 가지 기도

2022년 8월 26일 충현교회에서 한국장로교회 총회 설립 110주년 기념대회가 열렸습니다. 저는 한국 교회 지도자들이 모인 그 자리에서 다음과 같이 세 가지 기도 제목을 외쳤습니다.

"첫째, 가장 암울했던 때에 길이 없던 시절에, 세계로부터 버림받았던 그날, 하나님이 이 땅을 찾아오셨습니다. 우리가 잘한 것도 없는데, 세계 선교사에서 유래를 찾아볼 수 없을 만큼 선교의 엄청난 기적을 만들었습니다. 나라는 부흥하고, 교회의 발전과 함께 민주화가 이루어졌으며 선진화가 이루어졌고, 한국 교회는 세계 선교 역사의 자랑이 되었습니다. 오직 하나님이 하신 일입니다. 하나님께 감사합시다. 하나님의 은혜를 잊지 맙시다. 우리가 잘나서 그렇게 된 줄로 착각하지 말고, 낮은 자세로 겸손히 하나님께만 감사를 올려 드립시다.

둘째, 한국 교회가 일제에 무릎 꿇어 신사참배 하여 오명을 뒤집어쓰게 된 것을 회개합시다. 그리고 번영 신학, 성공 신학, 물량주의를 추구하며 세속적인 것에 오염되고 퇴

색되어서 교회가 교회만을 위해 존재했던 지난날을 회개합시다. 우리는 분열했고, 형제 교회들을 비난하고 비판했습니다. 하나님 앞에 회개합시다. 주의 보혈로 정결함을 입고, 거룩함으로 새로워집시다.

셋째, 한국 교회가 희망이 되어야 합니다. 세상에는 희망이 없습니다. 서구 교회에도 희망이 없습니다. 이제는 서구 교회에도 선교사를 보내야 할 정도입니다. 한국 교회가 힘을 잃어버려서는 안 됩니다. 하나님과 역사 앞에, 사회와 민족 앞에 다시 희망으로 우뚝 섭시다. 바로 설 힘을 달라고 하나님께 기도합시다."

우리는 복음 선교의 엄청난 물결과 세계 선교의 자랑스러운 맥을 타고 오늘날에 이르렀습니다. 우리 민족에 부어 주신 은혜 덕분에 믿음의 반석 위에 세워진 교회에서 예배하고 신앙생활 하는 것입니다. 이 어찌 영광이 아니고 무엇이겠습니까? 할렐루야!

한국 교회가 앞으로 나아가야 할
방향성의 핵심은 공적 복음입니다.

그동안 교회가 개인 구원에만 너무 치중한 까닭에
공적인 영역에서 교회가 가져야 할 영향력을 잃어버리게
된 것입니다. 먼저 구원받은 우리가 세상을 구원하는 일에
무관심해서는 안 됩니다. 교회는 교회만을 위해 존재하지
않습니다. 세상은 교회가 정의 편에 서서 불의에 항거해
주기를 기대하고 있습니다.

세상에 물드는 교회가 있다면,
세상을 물들이는 교회가 있습니다.
교회는 세상을 물들이는 공적 복음의 능력을
회복해야 합니다.

세상은 교회가 복음을 어떻게 실천하며 살아가는지
알고 싶어 합니다. 교회의 주인은 사람이 아닌
하나님이심을 보여 주어야 합니다.
교회는 나만 잘되면 그만이라는 기복 신앙과
외적 성장만 강조하는 성장주의에서
벗어나야 합니다.

교회가 복음의 본질을 회복할 때,
신뢰를 회복할 수 있을 것입니다.

바이올라대학교 맷 윌리엄스(Matt Williams) 교수는
"우리 시대에 번창하는 종교는 하나밖에 없다.
그것은 자기 숭배다"라고 말한 적이 있습니다.
지금 우리는 신(新)사사 시대를 살아가고 있습니다.
실제로 사람들은 "각기 자기의 소견에 옳은 대로"(삿 21:25)
행동하고, 자기가 본 것과 자기가 생각하는 것이
곧 선(善)이라고 생각합니다.

이런 상황에서 교회가 하나님과 이웃을 위해 살아가는 것이
얼마나 고귀한 것인지를 깨닫게 해 주어야 합니다.
나 혼자만 즐기는 것이 진정한 행복이 아님을
일깨워 주어야 합니다. 이를 위해 교회는 세상이라는
바다 한가운데 떠 있으면서도 세상의 가치관이 아닌
하나님 나라의 가치관으로 항해해 나가야 합니다.

하나님의 말씀을 선포하고,
그 말씀대로 살아가면서
다음 세대를 품고 격려할 수 있어야 합니다.

-2022년 1월 18일 《교회성장》 4월호(교회성장연구소)
"뉴노멀 시대 한국 교회, 교단 총회장에게 듣다" 인터뷰 중에서

이것이 교회의 사명이다

"나의 눈물이 이곳에서 받아들여지지 않는다면, 나는 어디서 울어야 할까?"

제가 위임목사로 섬기고 있는 한소망교회의 역사관에 적혀 있는 글귀입니다. 저는 30여 년 전 교회 창립 기도회를 열 때부터 사람들의 눈물을 닦아 주는 복음을 소망했습니다. 그리고 '한 명이 모여도 만 명이 모인 것처럼, 만 명이 모여도 한 명이 모인 것처럼' 진실한 예배를 드리겠다고 다짐하며 최선을 다해 달려왔습니다.

그런데 그동안 한국 교회는 세계 종교 역사상 가장 빨리 성장한 만큼, 또한 가장 빨리 침체기에 접어드는 독특한 역사를 써 내려갔습니다. 지난 150년간 '잘살아 보세'를 외치며 경제 성장을 뒷받침하는 번영 신학을 바탕으로 교회가

---

* 본 에필로그는 2022년 12월 20일 <한겨레>(조현 기자)와의 성탄절 특집 인터뷰와 2023년 4월 7일 <문화일보>(장재선 기자)와의 부활절 특집 인터뷰를 요약 편집한 것으로 저자의 핵심 메시지를 담고 있다.

급성장한 것이 사실입니다. 그러나 이것은 미국의 실용주의가 복음으로 둔갑한 허울 좋은 신학에 불과합니다. 문제는 우리 안에 만연한 샤머니즘적 기복 신앙이 교회를 위기로 빠뜨리고 있다는 것입니다.

그나마 우리는 지난 세월 고생하면서도 더 나아질 것이란 희망이 있었습니다. 그러나 다음 세대는 희망을 잃어 가고 있습니다. 코로나19의 긴 터널을 지나오는 동안, 한국 기독교인의 20% 정도가 교회 출석을 포기한 채 온라인 예배를 떠돌아다니는, 일명 '붕 뜬 크리스천'(Floating Christian)이 되었다고 합니다. 교회는 바로 이런 성도들에게 관심을 기울여야 합니다. 젊은이들과 소통하며 희망의 가치를 심어 줘야 합니다. 또한 중장년 세대들에겐 부흥을 위해 다시 한번 헌신할 기회를 마련해 주어야 합니다. 희망 없는 시대에 희망을 만들어 가는 것이 예수께서 오신 뜻을 따르는 것이 아니겠습니까? 이것이 교회의 사명입니다.

오늘날 한국 교회가 위기에 빠졌다면, 그 해답을 초기 선교사들의 헌신에서 찾아야 할 것입니다. 초기 선교사들은 교회와 함께 병원·학교를 세워서 헌신했습니다. 아프고 가난한 사람들, 못 배운 사람들을 섬겼습니다. 그분들의 헌신을 생각하면 '교회만을 위한 교회'를 결코 자랑할 수 없습니다. 교회가 기득권을 수호해 이익을 보는 곳이 되어서는 안 됩니다. 교회는 손해를 보는 곳이 되어야지, 제 잇속을 챙기는 곳이 되어서는 안 됩니다.

이제는 복음의 본질로 돌아가야 할 때입니다. 간혹 억울하기도 하지만 교회에 대한 따가운 질책조차 고맙게 생각하고 경청해야 합니다. 이제 외적 성장이 아닌 교회다움을 찾아가는 성숙을 추구해야 할 시기입니다.

공적 신학으로 영적 샘물 되도록

사회는 교회가 아니라도 성장할 수 있으나 교회는 사회가 없으면 존재할 수 없습니다. 세상과 소통하며 현대인이 갈증을 느끼는 영적 정신의 샘물을 제공해야 합니다. 기후 문제와 저출산·소득 양극화·세대 갈등 등의 문제를 해결하는 데에도 앞장서야 합니다. 이를 위해 저는 크게 두 가지 솔루션을 제안합니다.

첫째, 한국 교회가 하나 되는 길은 교리 논쟁이 아닌 섬김 경쟁에 있다고 믿습니다. 지난 2022년 3월 경북 울진에서 일어난 역대 최대 산불로 이재민이 된 취약 계층을 위해 한교총이 '사랑의 집 짓기'를 추진했고, 1년여 만에 완공식을 연 바 있습니다.

이 무렵, 한교총이 울진 산불 이재민을 돕는 동안 한국교회봉사단(이하 한교봉)은 우크라이나 전쟁 재해민을 도왔는데, 한교총에 우크라이나 후원금이 들어오면 한교봉에 넘겨주고, 한교봉은 그 반대로 했습니다. 즉 역할을 분담하되 한마음 한뜻으로 서로 도왔던 것입니다. 교리 논쟁은 갈등을 불러일으키지만, 섬김은 언제나 하나 되게 합니다. 이를 확인하니 참으로 감사합니다.

둘째, 세습 문제로 골머리를 앓는 교계에 새 모델을 제시하고자 합니다. 한국 교계에서는 처음 있는 일이니만큼 상당히 재미있을 것입니다. 제가 맨땅에 헤딩을 수도 없이 하면서 이마가 더 환해진 것처럼 말입니다.

2023년 봄 기준으로, 한소망교회는 3년 전에 승계위원회를 만들었습니다. 그동안 본 교회에서 사역하다가 다른 교회로 간 목회자 20여 명을 대상으로 청빙 작업을 했습니다. 6명, 3명 등으로 간추리다가 1명을 정한 후 1년간 기도

했습니다. 그 결과, 승계위에서 만장일치로 최봉규 대구내 당교회 위임목사를 청빙하기로 했습니다. 최 목사와 '동사 (同使) 목사'로서 1년 반 동안 함께 사역할 예정입니다.

그동안 저는 최 목사와 진지한 대화와 토론을 할 것입니다. 본 교회의 역사·가치·비전과 함께 회중 공동체, 당회·제직회와의 연계 방법 등을 전수할 것입니다. 한국 교회에 관한 생각을 나누고, 목사의 자기 관리법에 관해서도 이야기할 것입니다. 그 과정을 유튜브로 공개하며 모든 절차를 투명하게 진행할 것입니다.

대형 교회의 세습 문제는 젊은이들이 교회에 등 돌리게 되는 주요 원인 중 하나로 꼽힙니다. 물론, 교회에 따라선 세습이 불가피한 상황도 있으므로 무조건 배척할 수는 없지만, 사람의 욕심이 아닌 하나님의 말씀을 따르는 '공적 신학'이 바탕 되어야 합니다.

지금까지 이런저런 유혹을 견디며 신앙의 길을 걸을 수 있었던 것에 감사합니다. 이제 후임 동사목사와 더불어 깨끗한 승계 모델을 만들고, 끝까지 하나님의 말씀을 전하다가 쓰러져 죽기를 바랄 뿐입니다.

2033년은 예수 그리스도 부활 2000년이 되는 해입니다. 세계 기독교계와 함께 한국 교회가 거듭남으로써 부활 2000년을 복 되게 기념하기를 소망합니다.